Tucholsky Wagner Zola Scott Sydow Freud Schlegel
Turgenev Fonatne Wallace Walther von der Vogelweide Fouqué Friedrich II. von Preußen
Twain Weber Freiligrath Frey
Fechner Fichte Weiße Rose von Fallersleben Kant Ernst Richthofen Frommel
Hölderlin
Engels Fielding Eichendorff Tacitus Dumas
Fehrs Faber Flaubert Eliasberg Zweig Ebner Eschenbach
Maximilian I. von Habsburg Fock Eliot
Feuerbach Ewald Vergil
Goethe Elisabeth von Österreich London
Mendelssohn Balzac Shakespeare Dostojewski Ganghofer
Trackl Lichtenberg Rathenau Doyle Gjellerup
Mommsen Stevenson Hambruch Droste-Hülshoff
Thoma Tolstoi Lenz Hanrieder
Dach Verne von Arnim Hägele Hauff Humboldt
Karrillon Reuter Rousseau Hagen Hauptmann Gautier
Garschin Defoe Hebbel Baudelaire
Damaschke Descartes Hegel Kussmaul Herder
Wolfram von Eschenbach Dickens Schopenhauer Rilke George
Bronner Darwin Melville Grimm Jerome Bebel Proust
Campe Horváth Aristoteles Voltaire Federer Herodot
Bismarck Vigny Barlach Heine
Gengenbach
Storm Casanova Tersteegen Gilm Grillparzer Georgy
Chamberlain Lessing Langbein Gryphius
Brentano Lafontaine
Strachwitz Claudius Schiller Kralik Iffland Sokrates
Katharina II. von Rußland Bellamy Schilling
Gerstäcker Raabe Gibbon Tschechow
Löns Hesse Hoffmann Gogol Wilde Gleim Vulpius
Luther Heym Hofmannsthal Klee Hölty Morgenstern
Roth Heyse Klopstock Kleist Goedicke
Luxemburg Puschkin Homer Mörike
La Roche Horaz Musil
Machiavelli Kierkegaard Kraft Kraus
Navarra Aurel Musset Moltke
Nestroy Marie de France Lamprecht Kind Kirchhoff Hugo
Laotse Ipsen Liebknecht
Nietzsche Nansen Ringelnatz
Marx Lassalle Gorki Klett Leibniz
von Ossietzky May
Petalozzi vom Stein Lawrence Irving
Platon Knigge
Sachs Pückler Michelangelo Kock Kafka
Poe Liebermann Korolenko
de Sade Praetorius Mistral Zetkin

Der Verlag tredition aus Hamburg veröffentlicht in der Reihe **TREDITION CLASSICS** Werke aus mehr als zwei Jahrtausenden. Diese waren zu einem Großteil vergriffen oder nur noch antiquarisch erhältlich.

Symbolfigur für **TREDITION CLASSICS** ist Johannes Gutenberg (1400 — 1468), der Erfinder des Buchdrucks mit Metalllettern und der Druckerpresse.

Mit der Buchreihe **TREDITION CLASSICS** verfolgt tredition das Ziel, tausende Klassiker der Weltliteratur verschiedener Sprachen wieder als gedruckte Bücher aufzulegen – und das weltweit!

Die Buchreihe dient zur Bewahrung der Literatur und Förderung der Kultur. Sie trägt so dazu bei, dass viele tausend Werke nicht in Vergessenheit geraten.

Die Religion

Georg Simmel

Impressum

Autor: Georg Simmel
Umschlagkonzept: toepferschumann, Berlin

Verlag: tredition GmbH, Hamburg
ISBN: 978-3-8424-1318-4
Printed in Germany

Georg Simmel

Die Religion

Meinen Freundinnen Gertrud Kantorowicz
und Margarete von Bendemann

Es ist keine ganz seltene Erfahrung, daß Mächte persönlicher und sachlicher Art, in unser Leben in einem gewissen Maße eingreifend, als Störungen und Unangebrachtheiten empfunden werden, diesen Wirkungscharakter aber in dem Augenblick verlieren, in dem sie das Maß ihres Sichanbietens und ihrer Ansprüche erheblich steigern. Was sich als Teil und relative Größe nicht mit den anderen Elementen des Lebens, in die es sich verflicht, vertragen wollte, kann als Absolutes und Herrschendes ein organisches, befriedigtes Verhältnis zu ihnen gewinnen. Einer Liebe, einem Ehrgeiz, einem neu auftauchenden Interesse wollen sich oft die bereits bestehenden Lebensinhalte nicht koordinieren; sobald aber Leidenschaft oder Entschluß sie in das Zentrum der Seele stellen und die Gesamtheit unserer Existenz auf sie abstimmen, so ist auf dieser ganz neuen Basis überhaupt ein neues Leben gegeben, dessen Tonart wiederum eine einheitliche sein kann. Diese Schicksalsform hat sich nicht selten an inneren religiösen Entwicklungen realisiert. Wo die Ideale und Forderungen der Religion nicht nur mit Trieben niederer Art, sondern auch mit Normen und Werten geistigen und sittlichen Wesens in Widerspruch geraten, da ist der Ausweg aus solchen Verschiebungen und Verwirrungen oft nur so gefunden worden, daß jene ersteren Ansprüche ihre relative Rolle immer weiter und bis zu einer absoluten steigerten; erst indem die Religion den entscheidenden Grundton für das Leben gab, gewannen dessen einzelne Elemente wieder das rechte Verhältnis zueinander oder zum Ganzen. Nun erringt ein Element diese zentrale Wirksamkeit in der Praxis wohl nur unter schweren Kämpfen gegen andere, die bei dieser Neuordnung nur zu verlieren haben. Indem wir einer *Mehrheit* solcher Forderungen ein Recht zugestehen müssen, d. h. es jeder einzelnen sowohl nach ihrem eigenen inneren Anspruch verleihen, wie nach ihrer Fähigkeit, das Leben einheitlich zu organisieren – entsteht zunächst ein Widerspruch und Konflikt, der wenigstens prinzipiell, wenigstens theoretisch lösbar sein muß, wenn das Leben nicht schon in seiner fundamentalen Möglichkeit heillos zerspalten bleiben soll. Die theoretische Spekulation hat hier die Art der Schlichtung vorgezeichnet. Als das Problem des Durcheinanderwirkens des körperhaften und des geistigen Daseins die Denker zu beunruhigen begann, löste Spinoza jene Unverträglichkeit so auf, daß die Ausdehnung auf der einen Seite, das Denken auf der andern das ganze Dasein je in ihrer Sprache ausdrückt; sie vertrugen sich, sobald sie nicht mehr als relative Elemente ineinandergriffen, sondern jedes die Totalität der Welt für sich beanspruchte und auf seine Art lückenlos darstellte. So wird es sich also um die allerallgemeinste Maxime handeln, daß *jede* der großen Formen unserer Existenz als fähig erwiesen werden muß, in ihrer Sprache die Ganzheit des Lebens zum Ausdruck zu bringen. Die Organisierung unseres Daseins vermittels der absoluten Herrschaft eines Prinzips auf Kosten aller andern, würde so auf eine höhere Stufe gehoben werden: jedes würde innerhalb des von ihm souverän geformten Weltbildes keine Störung durch das andere zu fürchten haben, weil es diesem andern das gleiche Recht der Weltformung einräumt. Sie könnten sich nun prinzipiell so wenig kreuzen, wie Töne mit Farben. Zum Grunde liegt hier die Scheidung der Formen von den Inhalten des Daseins. Diese Scheidung, ausgehend von der primitivsten Praxis, mit der wir die gleiche Materie zu den mannigfachsten Formen verarbeiten, die gleiche Form in mannigfachen Stoff prägen – wird zum allumfassendsten Schema für die Bildung einer Welt und die Deutung aller Weiten der Lebensgestaltung. Wir können uns vorstellen, daß alle Arten, auf die der Mensch handelnd und schöpferisch, wissend und fühlend lebt, Ordnungsarten oder Kategorien seien, die den unendlich ausgedehnten, aber innerhalb aller Formungen identisch bleibenden Daseinsstoff in sich aufnehmen. Und jede dieser Kategorien ist prinzipiell befähigt, die Ganzheit dieses Stoffes nach ihren Gesetzen zu bilden. Der künstlerische Mensch und der wissenschaftliche, der genießende und der handelnde – sie finden alle ein gleiches Material an Greifbarkeiten und Hörbarkeiten, an Impulsen und Schicksalen, und ein jeder, insofern er rein Künstler oder Denker, Genießer oder Praktiker ist, gestaltet daraus ein besonderes Weltganzes; vorbehalten daß, was der eine schon geformt hat, für den anderen manchmal erst Stoff ist, und daß jede solche Form, wie sie sich an einem historischen Punkte der endlosen Entwicklung unserer Art anbietet, sich den Stoff nur ganz fragmentarisch, nur in ganz wechselnden Verhältnissen zueignen kann; vorbehalten auch, daß wir diesen Stoff wahrscheinlich nie in seiner Reinheit ergreifen können, sondern immer nur schon in Formung zum Bestandteil irgend einer Welt. Und damit deutet sich die Vielheit und die Einheit der geistgestalteten Welten: formende Kategorien, deren jede ihrem Motiv nach eine ganze, eigengesetzliche, aus einheitlichem Grundtrieb in sich beschlossene Welt bedeutet. Und alle diese Welten aus einem und demselben Material gebaut, aus letzten Weltelementen, die je nach der synthetischen Strömung, in die der Geist sie reißt, künstlerische, praktische, theoretische werden; auf der anderen Seite aber ebenso zusammengehalten von dem einreihigen Verlauf des seelischen Lebens. Denn dieses ergreift aus der Vielheit jener Welten, die sozusagen als ideelle Möglichkeiten vor uns, in uns liegen, immer nur Bruchstücke, um sich aus ihnen zusammenzuleben, wobei es freilich in seinen wechselnden Zwecken und seinem labilen Gesamtgefühl jene zu harten Konflikten aneinanderstoßen läßt.

Für den naiven Menschen ist die Welt der Erfahrung und der Praxis die Wirklichkeit schlechthin, als sinnlich wahrnehmbar und behandelbar existieren die Inhalte der Welt; wenn sie unter den Kategorien der Kunst oder der Religion, der Gefühlswerte oder der philosophischen Spekulation geformt werden, so gilt dies entweder als ein Überbau über jenem allein wirklichen Dasein oder wird ihm gegenübergestellt, um sich mit ihm wieder zu der Mannigfaltigkeit des Lebens zu verweben – wie sich dem Lauf des individuellen Daseins Fragmente fremder oder gar feindlicher Reihen einmischen, um sein Ganzes zu ergeben. Damit entspringen Unsicherheiten und Wirrungen in den Vorstellungen von Welt und Leben, die sich sogleich heben, wenn man sich entschließt, auch die sogenannte

»Wirklichkeit« als eine jener Formen anzuerkennen, in die wir gegebene Inhalte ordnen, – eben dieselben Inhalte, die wir auch künstlerisch oder religiös, wissenschaftlich oder im Spiel anordnen können. Die Wirklichkeit ist keineswegs *die* Welt schlechthin, sondern nur *eine*, neben der die Welt der Kunst wie die der Religion stehen, aus dem gleichen Material nach anderen Formen, von anderen Voraussetzungen aus zusammengebracht. Die erfahrbare wirkliche Welt bedeutet wahrscheinlich diejenige Ordnung gegebener Elemente, die für die Erhaltung und Entwicklung des Gattungslebens die praktisch zweckmäßigste ist. Als handelnde Wesen erfahren wir von der umgebenden Welt Reaktionen, deren Nützlichkeit oder Verderblichkeit von den Vorstellungen abhängt, auf die hin wir handeln. Als Wirklichkeit bezeichnen wir nun diejenige Vorstellungswelt oder Vorstellungsart, die zugrunde liegen muß, damit wir nach der Besonderheit unserer gattungsmäßigen psychobiologischen Organisation förderlich, lebenerhaltend handeln; für anders eingerichtete, anderes bedürfende Wesen würde eine andere »Wirklichkeit« bestehen, weil für ihre Lebensbedingungen ein anderes, d. h. von anderen Vorstellungen fundamentiertes Handeln das nützliche wäre. So entscheiden die Zwecke und prinzipiellen Voraussetzungen darüber, welche »Welt« von der Seele geschaffen wird, und die wirkliche Welt ist nur eine von vielen möglichen. In uns selbst aber liegen noch andere Grundforderungen als die generellen Bedürftigkeiten der Praxis, und von ihnen aus erwachsen andere Welten. Auch die Kunst lebt von den elementaren Inhalten der Wirklichkeit; aber sie wird zur Kunst, indem sie diesen von den artistischen Bedürfnissen des Anschauens, des Fühlens, der Bedeutsamkeit her Formen gibt, die ganz jenseits derer der Wirklichkeit stehen: sogar der Raum innerhalb des Gemäldes ist eine ganz andere Gestaltung als der Raum der Realität. Die anschauliche Geschlossenheit und der seelische Ausdruck sind in der Kunst so, wie die Wirklichkeit sie nie darbietet, – da sonst nicht einzusehen wäre, weshalb wir neben der Wirklichkeit noch eine Kunst brauchten. Man könnte von einer besonderen Logik, von einem besonderen Wahrheitsbegriff der Kunst sprechen, von einer besonderen Gesetzlichkeit, mit der sie neben die Welt der Wirklichkeit eine neue, aus demselben Material gestaltete und ihr äquivalente setzt.

Nicht anders dürfte es sich mit der Religion verhalten. Aus dem anschaulichen und begrifflichen Stoff, den wir auch in der Schicht der Wirklichkeit erleben, erwächst in neuen Spannungen, neuen Maßen, neuen Synthesen die religiöse Welt. Die Begriffe von Seele und Dasein, von Schicksal und Schuld, von Glück und Opfer bis zu dem Haar auf dem Kopfe und dem Sperling auf dem Dach bilden zwar auch *ihren* Inhalt – aber nun werden sie von Wertungen und Gefühlstönen begleitet, die sie wie in andere Dimensionen einordnen, ihnen ganz andere perspektivische Verschiebungen zuteil werden lassen, als wenn eben dasselbe Material die empirische oder die philosophische oder die künstlerische Ordnung bildet. Das religiöse Leben schafft die Welt noch einmal, es bedeutet das ganze Dasein in einer besonderen Tonart, so daß es seiner reinen Idee nach mit den nach anderen Kategorien erbauten Weltbildern sich überhaupt nicht kreuzen, ihnen nicht widersprechen *kann*, – so sehr das Leben des einzelnen Menschen durch all diese Schichten traversieren und, weil es nicht ihre Ganzheiten, sondern nur jeweils Teile von ihnen erfaßt, sie zu Widersprüchen durcheinanderwirren mag. Darauf zielte die an den Anfang dieser Erörterung gestellte Reflexion: daß man für ein Lebenselement, das sich mit den übrigen nicht friedlich in das Leben teilen will, oft einen widerspruchslosen Sinn erhält, sobald man es zu einer letzten und absoluten Instanz des Lebens macht. Erst wenn man einsieht, daß die Religion eine Totalität des Weltbildes ist, koordiniert seinen anderen theoretischen oder praktischen Totalitäten, gewinnt sie, und mit ihr diese anderen Systeme des Lebens, die Ungestörtheit inneren Zusammenhanges. Solcher Begriff oder Anspruch wird dadurch nicht berührt, daß seine Reinheit vielleicht nur selten vom Leben ganz respektiert wird. Wie vorhin von einer artistischen, kann man von einer religiösen Logik sprechen, die Beweise anerkennen, Begriffe bilden, Werte gültig übertragen kann – alles aber so, wie keine andere Logik es jemals legitimieren würde. Aber wie die wissenschaftliche Logik, so beansprucht oft genug die religiöse, alle anderen in sich zu begreifen oder sie zu dominieren. Wo sie dies durchzuführen sucht, kommen götzendienerische, statutarische, weltliche Elemente in sie hinein: es sind diejenigen, an denen eine andere Logik als die religiöse gültig ist. Hier liegen die allgemeinsten, kaum vermeidlichen Schwierigkeiten der Religion: daß sie aus Ansprüchen und Antrieben der Seele hervorgeht, die mit den »Sachen« der Empirie und mit verstandesmäßigen Kriterien nicht das geringste zu tun haben, aber nun, statt eine autonome Lebenswelt aufzubauen, sich in Behauptungen gewohnten realistischen, wie selbstverständlich sich aufdrängenden Gefüges umsetzen; unvermeidlich geraten solche Behauptungen über die diesseitige und jenseitige Welt in Widersprüche mit den intellektuellen Maßstäben, die von ganz andersartigen Ursprüngen herkommen. Jene Bedürfnisse nach der Ergänzung des fragmentarischen Daseins, nach der Versöhnung der Widersprüche im Menschen und zwischen den Menschen, nach einem festen Punkt in allem Schwankenden um uns herum, nach der Gerechtigkeit in und hinter den Grausamkeiten des Lebens, nach der Einheit in und über seiner verworrenen Mannigfaltigkeit, nach einem absoluten Gegenstande unserer Demut wie unseres Glücksdranges – alles dies nährt die transzendenten Vorstellungen: der Hunger des Menschen ist ihre Nahrung. Der Gläubige des reinsten religiösen Sinnes sieht gar nicht auf ihre theoretische Möglichkeit oder Unmöglichkeit hin, sondern fühlt ausschließlich, daß seine Sehnsucht in seinem Glauben ihre Ausmündung und Erfüllung gefunden hat. Daß all die so entstehenden Dogmen in der Art »wahr« sind, wie eine praktische Erfahrung oder ein wissenschaftlicher Satz, ist sozusagen erst ein sekundäres Interesse: das Wesentliche ist, daß sie überhaupt gedacht, empfunden werden, und ihre Wahrheit ist nur der unmittelbare oder vervollständigende Ausdruck für die Intensität der inneren, verlangenden Bewegung, die auf sie führte – ungefähr wie eine starke subjektive Sinnesempfindung uns zwingt, an die Existenz eines Gegenstandes, der ihr entspreche, zu glauben, auch wenn wir logisch an dieser zweifeln müßten. Und mag jene dem eigenen Zentrum entwachsende Geschlossenheit der religiösen Welt, die deren tiefstes Recht ausmacht, auch bloße Intention bleiben, die der Mischcharakter des empirischen Menschen nie rein ausführt – so wird daraus jedenfalls verständlich, wieso Religion nicht, wie behauptet wird, mit der Ethik zusammenfallen kann. Denn diese ist ihrerseits eine besondere Kategorie, von der aus eine Welt sich formen kann. Von den Unterschieden beider Welten braucht man gar nicht auszugehen; daß beides *Welten* sind, das will sagen, Zusammenhänge des Weltinhalts, die je ein allbeherrschendes letztes Motiv zu Ganzheiten gestaltet – das genügt, um das ganze oder stückweise Hineinschieben der einen in die andere zu demselben Widerspruch zu machen, wie die Mischung der gedachten und der ausgedehnten Welt für Spinoza wäre. Sicher realisiert der Mensch – ich deutete schon darauf hin – in der Beschränktheit seiner Kräfte und Interessen diese möglichen, sozusagen ideell vorhandenen Welten überhaupt nur zu geringen Teilen. Wie er nicht alle unmittelbar gegebenen Inhalte zu wissenschaftlicher Erkenntnis formt, wie nicht alle ihm zu Kunstgebilden werden, so treten auch nicht alle in den Aggregatzustand der Religion ein; schon weil dieser Formungsprozeß, obgleich prinzipiell überall vollziehbar, doch nicht an allen Bestandteilen von Welt und Geist ein immer gleich bildsames Material findet.

Mag nun der Stoff, an den sich die formende Religiosität wendet, ein unmittelbarer oder schon vorgeformter, ein reiner oder getrübter sein – jedenfalls entsteht nur vermöge seiner, nur an einem Komplex weltmäßiger Inhalte das, was sich historisch als Religion bietet. Das Religiöse in seinem spezifischen Wesen, seinem reinen, von allem »Ding« freien Dasein ist ein *Leben*; der religiöse Mensch ist einer, der auf eine bestimmte, nur ihm eigene Art *lebt*, dessen seelische Prozesse einen Rhythmus, eine Tonart, eine Anordnung und Maßverhältnis der seelischen Einzelenergien zeigen, die von denen des theoretischen, künstlerischen, praktischen Menschen als solchen unverwechselbar verschieden sind. Aber dies alles ist eben Prozeß und noch nicht Gebilde. Und jenes Leben, jene Funktion muß deshalb, wenn die bezeichenbaren, sozusagen objektiven Religionen entstehen sollen, *Inhalte* ergreifen und sie formen, wie die apriorischen Kategorien des Erkennens die theoretische Welt formen. Und wie diese Verstandeskategorien Erkenntnis möglich machen, aber für sich noch nicht Erkenntnis sind – so machen die religiösen Formen von Sünde und Erlösung, von Liebe und Glaube, von Hingabe und Selbstbehauptung als Lebensbewegtheiten Religion möglich, aber sie *sind* sie für sich noch nicht; so wenig, wie der Inhalt, der so zur Religion emporgelebt wird, für sich religiös ist. Mit einer stilisierenden Linie gezeichnet, die nicht die historische Entwicklung, aber vielleicht doch deren typischen Sinn und zeitlose Ordnung wiedergibt, vollzieht sich die Vereinigung der beiden Faktoren folgendermaßen. Die religiöse Stimmung des Menschen, als eine charakteristische Ablaufsart seines Lebensprozesses, läßt alle möglichen Bezirke, in denen dieser Prozeß sich abspielt, als religiöse erleben. Und nun erst steigen aus dem so gestimmten Leben und Weltfühlen die Sondergebilde auf, mit denen der religiöse Prozeß Körper wird oder einen Gegenstand gewinnt. Die religiöse Strömung, die Inhalte durchflutend, die das Leben sonst noch intellektuell, praktisch, künstlerisch anordnet, reißt sie in der neuen Form ins Transzendente empor. Die Religiosität, als innerste Lebensbeschaffenheit, als die unvergleichliche Funktionsart gewisser Existenzen, erobert gleichsam erst auf der Wanderung durch die inhaltliche Mannigfaltigkeit der Welt eine Substanz für sich und stellt damit sich selbst sich gegenüber, die Welt der Religion dem Subjekt der Religion. Sie muß erst die Weltinhalte durch ihre Erlebensart färben, um dann, deren sonstige Realisierungsformen hinter sich lassend, aus ihrem nun aufgewachsenen religiösen Wert die unzähligen Welten des Glaubens, der Götter, der Heilstatsachen aufzubauen. Es sind vielleicht drei Segmente des Lebenskreises, an denen die Transponierung in die religiöse Tonart vor allem hervortritt: am Verhalten des Menschen zur äußeren Natur, zum Schicksal, zur umgebenden Menschenwelt. Ist dieses Verhalten von vornherein, von innen her religiös, so entläßt es sozusagen am anderen Ende die Religion als Gebilde, zu dem die jetzt inhaltbereicherte, jetzt und nur am Inhalt gestaltgewordene religiöse Funktion sich gefestigt hat. Indem es hier unsere Aufgabe ist, diese Bedeutung an dem zuletzt genannten Verhalten zu entwickeln, wird eine Andeutung auch der beiden anderen Verhältnisse den Rahmen dafür herstellen und die hier überall zugrunde gelegte Auffassung des Religiösen verdeutlichen helfen.

Es ist eine längst triviale Wendung, daß Religion nichts anderes ist als eine gewisse Übertreibung empirisch-seelischer, von unseren Naturzusammenhängen ressortierender Tatsachen. Der weltschaffende Gott erscheint als eine Hypertrophie des Kausaltriebes, das religiöse Opfer als eine Fortsetzung der erfahrenen Notwendigkeit, für jedes Erwünschte einen Preis daranzugeben, die Furcht vor Gott als die Zusammenfassung und vergrößernde Spiegelung der Übergewalt, die wir fortwährend von der physischen Natur erfahren. Nur die vollkommenste Oberflächlichkeit kann noch an dieser Hypothese Halt machen. Handelte es sich wirklich nur um ein Mehr solcher sinnlich gebundenen Erfahrbarkeiten, so wäre eben, daß es zu diesem Mehr kommt, aus dem sinnlich-empirischen Verhältnis selbst doch nicht zu begreifen; so daß diese Reduktion das eigentliche Problem gerade unterschlägt. Dieses fordert vielmehr die Wendung: daß die religiösen Kategorien schon zum Grunde liegen, das Material von vornherein mitwirksam gestalten müssen, wenn dieses als religiös bedeutsam empfunden werden, wenn sich aus ihm religiöse Gebilde ergeben sollen. Nicht das Empirische wird zum Religiösen übertrieben, sondern das im Empirischen liegende Religiöse wird herausgestellt. Wie die Gegenstände der Erfahrung eben dadurch *erkennbar* sind, daß die Formen und Normen der Erkenntnis zu ihrer Bildung aus dem bloßen Sinnesmaterial gewirkt haben; wie wir deshalb z. B. das Kausalgesetz aus unseren Erfahrungen abstrahieren können, weil wir unsere Erfahrungen von vornherein ihm gemäß, das sie überhaupt erst zu »Erfahrungen« macht, geformt haben, – so sind die Dinge religiös bedeutsam und steigern sich zu transzendenten Gebilden, weil und insofern sie von vornherein unter der religiösen Kategorie aufgenommen sind und diese ihre Bildung bestimmt hat, bevor sie bewußt und vollständig als religiös gelten. Wenn wirklich Gott als Weltschöpfer dem Fortsetzungszwang der Ursachenreihe entspringt, so liegt das religiöse, zum Transzendenten aufstrebende Element schon gleich in den niederen Stufen des Kausalprozesses. Einerseits freilich verbleibt dieser innerhalb der konkreten Erkenntnis und verbindet ein gegebenes Glied mit dem nächsten; allein außerdem bringt der rastlose Rhythmus dieser Bewegung einen Ton von Unbefriedigung an allem Gegebenen mit sich, von Degradierung jedes einzelnen zu verschwindender Nichtigkeit in einer unermeßlichen Kette, – kurz, ein Klang aus der religiösen Tonart schwebt von vornherein in der Kausalbewegung mit. Es ist die gleiche Gedankenbewegung, die je nach der Schicht, in der wir sie verlaufen lassen, je nach den Gefühlsakzenten, mit denen wir sie ausstatten, auf eine Welt erkennbarer Natur oder auf einen im Transzendenten liegenden Punkt hinausgeht. Gott als Welturrache bedeutet, daß aus diesem, von vornherein in einer religiösen Kategorie verlaufenden Prozesse sein innerer Sinn gleichsam auskristallisiert ist, wie das abstrakte Kausalgesetz bedeutet, daß aus dem Kausalprozeß, soweit er unter der Kategorie des Erkennens erfolgt, seine Formel extrahiert ist. Niemals würde die endlose Fortsetzung der Ursachenreihe, wie sie die empirisch erkennbare Welt ordnet, zu einem Gott aufgestiegen sein, niemals wäre von ihr allein aus der Sprung in die religiöse Welt zu begreifen, – wenn eben diese Reihe nicht zugleich auch unter der

Ägide des religiösen Empfindens ablaufen könnte, wofür dann der weltschaffende Gott der abschließende Ausdruck ist, die Substanz, in der die an einer Seite und im Sinn jenes Prozesses lebende Religiosität sich niederschlagen kann. Leichter durchschaubar ist es, wie unsere *Gefühls*verbindung mit der äußeren Natur sich unter dem religiösen Zeichen entwickeln kann, und wie diese Entwickelung sich in dem Gegenstand der Religion gleichsam sich selbst gegenüberstellt. Die Natur um uns erregt uns bald zu ästhetischem Genießen, bald zu Schreck und Grauen und der Empfindung des Erhabenen ihrer Übergewalt – jenes, indem uns auf einmal durchsichtig und zugängig erscheint, was wir eigentlich als ein Fremdes und ewiges Gegenüber fühlen, dieses, indem das bloß Physische und uns als solches ganz Indifferente und Verständliche eine schreckhaft undurchdringliche Dunkelheit annimmt –, bald zu jenem schwer analysierbaren Grundgefühl, das ich nur als Erschütterung schlechthin zu bezeichnen wüßte: wenn wir plötzlich im Tiefsten ergriffen und bewegt werden, nicht durch außergewöhnliche Schönheit oder Erhabenheit der Naturerscheinung, sondern oft durch einen Sonnenstrahl, der ein Laub durchstreift, oder durch die Biegung eines Astes im Winde, durch irgend etwas scheinbar gar nicht besonders Ausgezeichnetes, das wie durch eine geheime Konsonanz mit unserm Wesensgrunde diesen in leidenschaftlichen Eigenbewegungen schwingen läßt. Alle diese Empfindungen können verlaufen, ohne über ihre unmittelbare Zuständlichkeit hinauszugreifen, also ohne jeden religiösen Wert; sie können diesen aber auch annehmen, ohne ihren Inhalt irgendwie zu ändern. Wir fühlen bei solchen Erregungen manchmal eine gewisse Spannung oder einen Schwung, eine Demut oder Dankbarkeit, ein Ergriffensein, als spräche durch ihren Gegenstand eine Seele zu uns, – welches alles nur als religiös zu bezeichnen ist. Dies ist noch nicht Religion; aber es ist derjenige Vorgang, der Religion wird, indem er sich ins Transzendente fortsetzt, sein eigenes Wesen zu seinem Objekt werden läßt und von diesem sich selbst zurückzuempfangen scheint. Was man als den teleologischen Gottesbeweis bezeichnet hat: daß die Schönheit, Formung, Ordnung der Welt auf eine zweckmäßig bauende absolute Macht hinwiese, – ist nichts als die logische Gestaltung dieses religiösen Prozesses. Gewisse Empfindungen der Natur gegenüber werden eben außer in der rein subjektiven oder der ästhetischen oder metaphysischen Kategorie auch in der religiösen erlebt; und wie der empirische Gegenstand für uns den Schnittpunkt bedeutet, in dem eine Anzahl sinnlicher Eindrücke sich treffen, beziehungsweise bis zu dem hin sie verlängert werden, so ist der Gegenstand der Religion ein solcher Punkt, in dem Gefühle wie die angedeuteten ihre Einheit finden, indem sie sich gleichsam aus sich heraus setzen. Sie lassen ihn aus sich zusammenrinnen, und weil er so das Produkt ihrer aller ist, scheint er dem *einzelnen* gegenüber den Ausstrahlungspunkt der religiösen Linien, ein zuvor bestehendes Sein darzustellen. Das an Weltinhalten formend betätigte religiöse *Leben* ist an ihm zu einer eigenen religiösen *Substanz* geworden. – Gleich jetzt und für alles Folgende sei bemerkt, daß die *Realität* der religiösen Gegenstände, jenseits ihrer menschlich-seelischen Bewußtheit und Bedeutung, hier überhaupt nicht berührt wird; unsere Aufgabe ist nur psychologisch und bleibt das auch, wenn nicht das reale geschichtliche Zustandekommen der religiösen Vorstellungen, sondern das, was man die Logik der Psychologie nennen könnte, gesucht wird und die Zusammenhänge des Sinnes, durch die auch jene historisch realen Entwicklungen erst verständlich werden.

Das zweite Gebiet, zu dem die Seele in religiöse Verhältnisse treten kann, ist das Schicksal. Als dieses wird man im allgemeinen die Einwirkungen bezeichnen, die die Entwicklung des Menschen durch das, was nicht er selbst ist, erfährt, gleichviel, ob sein eigenes Tun und Sein in diese bestimmenden Mächte gemischt ist; indem hier das Innere und ein ihm Äußeres sich begegnen, enthält von jenem aus gesehen der Schicksalsbegriff ein Moment von Zufälligkeit, das seine prinzipielle Spannung gegen den von innen kommenden Sinn unseres Lebens auch dann zeigt, wenn das Schicksal einmal als der genaue Vollstrecker dieses letzteren auftritt. Wie nun auch unser Gefühl sich zu dem Schicksal stellen möge: ergeben oder rebellierend, hoffend oder verzweifelnd, fordernd oder befriedigt – es kann völlig irreligiös, aber auch völlig religiös verlaufen. Wegen jenes Momentes der Äußerlichkeit ist in allem »Schicksal« etwas, was von uns aus nicht begreiflich ist, und das ist eine Stelle, wo ihm das religiöse Cachet zuwächst. Nicht weniger dadurch, daß alles Zufällige, insoweit man es als »Schicksal« empfindet, doch einen *Sinn* hat. Tritt uns das Zufällige unter die Kategorie des Schicksals, so wird es, trotz alles leidvollen Inhaltes, erträglicher, denn nun

scheint es auf uns eingestellt, seiner Gleichgültigkeit entkleidet. Der
Zufall bekommt damit eine Würde, die zugleich die unsere ist. Es
ist eine Erhöhung des Menschen, ein Schicksal zu haben, d. h. eine
Summe von Zufällen nach einem wenn auch noch so problemati-
schen, aber immerhin auf uns bezüglichen Sinn zu formen. Damit
ist der Schicksalsbegriff, seiner Struktur nach, wie zur Aufnahme
der religiösen Stimmung disponiert, die sich dann etwa, über ihn
weg, aber ihn gewissermaßen mit sich tragend, in der Idee der Prä-
destination verfestigt. Es kommt hier darauf an, daß die religiöse
Färbung nicht von einer geglaubten transzendenten Macht auf das
Erleben ausstrahlt, sondern eine besondere Qualität des Gefühls
selber ist, eine Konzentration oder ein Schwung, eine Weihe oder
eine Zerknirschung, die in sich religiös ist: jenen Gegenstand der
Religion erzeugt sie als ihre Objektivation oder ihr Gegenbild, wie
die Sinnesempfindung ihr Objekt, das ihr doch gegenübersteht, aus
sich entläßt. Auch in den Dingen des Schicksals, das seinem Begriff
nach das von uns Unabhängige ist, wird das Erleben, soweit es in
dem Sondergebiet der Religion verläuft, durch die produktiven, in
uns zum Grunde liegenden religiösen Kräfte geformt; es stimmt mit
den Kategorien der religiösen Gegenständlichkeit deshalb überein,
weil diese es von sich aus gestaltet haben. So z. B., wenn »denen, die
Gott lieben, alle Dinge zum besten gereichen müssen«. Nicht gerade
so, daß die Dinge da wären und die Hand Gottes dann aus den
Wolken griffe und sie für seine lieben Kinder so einrichtete, wie es
für sie gut ist. Sondern der religiöse Mensch erlebt die Dinge von
vornherein so, daß sie gar nicht anders können, als ihm die Güter
gewähren, nach denen er als religiöser begehrt. Wie auch die
Schicksale innerhalb der Ebenen irdischen Glückes, äußeren Erfolges, intellektueller Begreifbarkeit verlaufen mögen: innerhalb der
religiösen werden sie sogleich von solchen Gefühlsspannungen
begleitet, in solchen Wertskalen angeordnet, von solchen Deutun-
gen verklärt, daß sie eben in den Sinn der Religion, die Fürsorge
Gottes für das Beste seiner Kinder, hineinpassen müssen; – wie die
Welt für die Erkenntnis kausal verlaufen muß, weil sie, in die Ebene
des Erkennens gefaßt, a priori durch die in dieser wirksamen Kategorie der Kausalität geformt wird. Nicht weniger macht die formale
Weite, die unter all unseren Lebenskategorien gerade die des
Schicksals besitzt, sie geeignet, die Schwingung des religiösen Lebens aus dem virtuellen in den aktuellen Zustand über- und zum

Begriff des Göttlich-Absoluten aufzuführen. Ein Moment der deutschen Mystik mag dies erläutern. Für Eckhart ist Gott schlechthin einfach und unterschiedslos, aber er schließt doch alle unterschiedlichen Wesen in sich; sie sind Gott selbst und doch zugleich »als ein Nicht« in ihm; er hat die Welt geschaffen und doch auch eigentlich nicht, da die Schöpfung eine ewige ist; Gott »fließt in alle Kreatur und bleibt doch von allem unberührt«; er ist in den Dingen, aber eben »so viel« auch über ihnen; die Seele ist durch Gott und ohne ihn nichts, aber doch auch Gott nichts ohne die Seele; Gott sehen ist dasselbe, wie von Gott gesehen werden. Alles dieses und vieles ähnliche hat man als Widersprüche und unvereinbare Gedankenströmungen bezeichnet – und sieht nicht, welches ungeheure Gedankenmotiv all dem zugrunde liegt: daß es kein ausdenkbares Verhältnis zwischen Gott und Welt gibt, das nicht wirklich wäre! Diese Form nimmt das Ens realissimum für die Mystik an, die an die Stelle des objektiven Gottes das Verhältnis zu Gott setzt – gewissermaßen dasjenige religiöse Faktum, das sich als die nächste, die unmittelbarste Objektivierung des subjektiven religiösen Lebensprozesses an diesen ansetzt. So mag es oft genug gerade die *Spannweite* unserer Schicksale sein, die, von der innerlich religiösen Lebensfunktion aufgenommen, ihr den Weg zu der unbegrenzten Weite des Göttlichen zeigt. Wie nicht die Erkenntnis die Kausalität schafft, sondern die Kausalität die Erkenntnis, so nicht die Religion die Religiosität, sondern die Religiosität die Religion. In dem Schicksal, wie es der Mensch bei einer gewissen inneren Stimmung erlebt, weben Beziehungen, Bedeutungen, Gefühle, die für sich noch nicht Religion sind, deren Tatsachengehalt auch für anders gestimmte Seelen nie etwas mit ihr zu tun bekommt; die aber, von diesen Tatsächlichkeiten gelöst und gewissermaßen von der sie durchströmenden Religiosität zusammengekittet, damit ein Reich des Objektiven für sich bilden, so »die Religion«, das heißt hier: die Gegenstandswelt des Glaubens, zustande bringend.

Und nun komme ich endlich auf die Beziehungen des Menschen zur Menschenwelt und die Quellen der Religion, die in ihnen fließen; auch in ihnen wirken Kräfte und Bedeutsamkeiten, die nicht von schon bestehender Religion eine religiöse Färbung zu Lehen tragen, sondern diese als die Lebensstimmung ihrer Träger in sich haben und nun, umgekehrt, die Religion als geistig-objektives Gebilde aus sich entwickeln. Die Religion in ihrem Vollendungsstadium, der ganze seelische Komplex, der sich an das transzendente Sein knüpft, erscheint als die absolute, zur Einheit zusammengeschlossene Form von Gefühlen und Impulsen, die schon das soziale Leben, soweit es – als Stimmung oder Funktion – religiös orientiert ist, in Ansätzen und gleichsam versuchsweise entwickelt. Um dies einzusehen, bedarf es eines Blickes auf das Prinzip der soziologischen Struktur, wie vorher auf das der religiösen. Das Leben der Gesellschaft besteht in den Wechselbeziehungen ihrer Elemente, – Wechselbeziehungen, die teils in momentanen Aktionen und Reaktionen verfließen, teils sich in festen Gebilden verkörpern: in Ämtern und Gesetzen, Ordnungen und Besitzstücken, Sprache und Kommunikationsmitteln. Alle diese sozialen Wechselwirkungen nun erheben sich auf Grund bestimmter Interessen, Zwecke, Triebe. Solche bilden gleichsam die Materie, die sich in dem Nebeneinander und Miteinander, in dem Füreinander und Gegeneinander der Individuen gesellschaftlich realisiert. Jener Stoff des Lebens kann beharren, während eine Mannigfaltigkeit dieser Formen ihn abwechselnd aufnimmt; und umgekehrt, in die ungewandelte Form der Wechselwirkungen können die allerverschiedensten Inhalte eingehen. So können manche Normen und Resultate des öffentlichen Lebens gleichmäßig von dem freien Spiel konkurrierender Kräfte wie von der reglementierenden Bevormundung niederer Elemente durch höhere getragen werden; so werden vielerlei soziale Interessen zuzeiten von der Familienorganisation gewahrt, um später oder anderswo von den rein beruflichen Vereinigungen oder der staatlichen Verwaltung übernommen zu werden. Eine der typischsten Formen des gesellschaftlichen Lebens, eine jener festen Lebensnormen, durch die sich die Gesellschaft das für sie zweckmäßige Verhalten ihrer Mitglieder sichert, ist die Sitte, – in niederen Kulturverhältnissen die typische Form des sozial erforderlichen Tuns und Lassens überhaupt. Eben dieselben Lebensbedingungen der Gesellschaft, die später einerseits als Recht kodifiziert und von der Staatsgewalt erzwungen werden, andrerseits der Freiheit des kultivierten und gezüchteten Menschen überlassen sind, – werden in engeren und primitiven Kreisen durch jene eigentümliche unmittelbare Aufsicht der Umgebung über den Einzelnen garantiert, die man Sitte nennt. Sitte, Recht, freie Sittlichkeit des Einzelnen sind verschiedene Verbindungsarten der sozialen Elemente, die alle ganz dieselben Gebote zum Inhalt haben können und bei verschiedenen Völkern und zu verschiedenen Zeiten auch haben. Zu diesen Formen, mit denen die Gesamtheit sich eine Sicherheit für das richtige Verhalten des Individuums verschafft, gehören auch die Religionen. Das Religiöswerden von Verhältnissen charakterisiert vielfach eines ihrer Entwicklungsstadien. Ebenderselbe Inhalt, der vorher und nachher von anderen Formen der Beziehung zwischen Menschen getragen wird, nimmt in einer Periode die Form der religiösen Beziehung an. Am deutlichsten wird dies bei Gesetzgebungen, die zu gewissen Zeiten und an gewissen Orten theokratischen Charakter zeigen, völlig unter religiöser Sanktion stehen, um anderwärts von der Staatsgewalt oder von der Sitte garantiert zu werden. Ja, es scheint, daß die notwendige Ordnung der Gesellschaft vielfach von einer ganz undifferenzierten Form ausgegangen wäre, in der die moralische, die religiöse, die juristische Sanktion noch in ungeschiedener Einheit geruht hätten, – so das Dharma der Inder, die Themis der Griechen, das Fas der Lateiner – und daß dann je nach den verschiedenen historischen Umständen bald die eine, bald die andere Bildungsform sich zum Träger solcher Ordnungen entwickelt habe. Hier und da kann man wohl auch noch etwas von den Stadien dieser Entwicklung zu finden meinen. Wenn von den Ägyptern in und vor der Römerzeit erzählt wird, sie hätten die Fremdherrschaft willig ertragen, vielleicht kaum empfunden, wenn nur die religiösen Ideen und Bräuche nicht angetastet wurden, diese aber wären freilich auch mit der ganzen Lebensform des Landes fast solidarisch gewesen – so ist hier wohl jener allumfassende Normierungsbegriff noch wirksam gewesen, der nur für Bewußtsein und Praxis durch eines der aus ihm entfaltbaren Elemente, das religiöse, vertreten oder vorzugsweise auf dieses konzentriert wurde. Das Umfassende und Mächtige, zugleich aber eigentümlich Dumpfe und Ungeklärte des ägyptischen religiösen Wesens erklärt sich vielleicht so, daß aus dem früher undifferenzierten Kollektivbegriff dessen, was überhaupt wertvoll oder »in der Ordnung« ist, der religiöse Faktor sich äußerlich wohl herausgearbeitet hatte, innerlich aber doch mit ihm verwachsen geblieben war. Diese kulturelle Bewegung der Inhalte in der vielfachen Rückläufigkeit ihrer normierenden Formen – von der Sitte zum Recht, aber auch vom Recht zur Sitte, von der Humanitätspflicht zur religiösen Sanktion, aber auch von dieser zu jener – hängt irgendwie auch mit der anderen

zusammen: daß praktische wie theoretische Lebensinhalte im Laufe
der Geschichte aus dem hellen Bewußtsein zu unbewußten, selbstverständlichen Voraussetzungen und Geübtheiten werden, während andere und oft ebendieselben aus einem unbewußt instinkti-
ven Stadium in das der klaren Durchschauung und Rechenschaft
eintreten. Wenn das Recht unser Tun bestimmt, liegt in ihm ein viel
größeres Bewußtseinsquantum, als wenn die Sitte dies leistet; die
freie, nur gewissensmäßige Sittlichkeit verteilt Bewußtsein und
Unbewußtheit ganz anders auf die Impulse unseres Handelns, als
die soziale Regulierung es tut; in der religiösen Sanktion ist die
Spannung zwischen den dunklen mitschwebenden Gefühlen und
der Klarheit über den Zweck des Handelns eine viel größere als in
der durch die Sitte usw. Es ist für diese Entwicklung bezeichnend,
daß der bloße Wechsel der Intensitätsstärke einer Beziehung sie
durch eine Mehrheit von Sanktionen kursieren läßt: in Zeiten eines
erregten Patriotismus nimmt das Verhältnis des Einzelnen zu seiner
Gruppe eine Weihe, Innigkeit, Hingebung an, die nicht nur an und
für sich religiösen Wesens, ein Akt der Religiosität ist; sondern es
drängt dann auch viel stärker zu einem Appell an die göttliche
Macht, viel entschiedener ordnen sich seine Impulse unmittelbar
religiösen Erregungen ein als in den alltäglichen Zeiten, in denen
eben diese Beziehungen von der Konvention oder vom Staatsgesetz
geleitet sind. Dies aber ist zugleich eine Steigerung des *Bewußtseins*
der patriotischen Beziehungen. Jene Situationen von Gefahr, leiden-
schaftlicher Bewegtheit, Triumph des politischen Ganzen, die das
darauf bezügliche Fühlen des Individuums in die religiöse Färbung
und Ordnung einstellen, betonen überhaupt das Verhältnis zu ihm
für das Bewußtsein in viel stärkerer Weise als die Perioden aus-
schließlicher Geltung der andern Normen, aus denen jene umfas-
sendere und wärmere sich erhebt und zu denen sie wieder herab-
sinkt. Auch private Beziehungen, die religiösen Sanktionen zugängig sind, rufen diese gewöhnlich in denjenigen Momenten herbei, in
denen das Bewußtsein am stärksten auf sie konzentriert ist: so die
Ehe in dem Augenblick, wo sie eingegangen wird, so im Mittelalter
vielerlei Verträge in dem entsprechenden Punkt. Das Leben der
Puritaner zeichnete sich durch eine bis ins Krankhafte gesteigerte
Bewußtheit jedes Lebensmomentes aus, durch die bewußteste Rechenschaft über jegliches Tun und Denken, – und zwar weil die
religiöse Norm alle Einzelheiten des Lebens sich vorbehaltlos unter-

tan gemacht hatte und keiner anderen Sanktionierung ein wirkliches Recht zuerkannte. Aber auch umgekehrt: die ungeheure Bedeutung der im wesentlichen prähistorischen Sippenorganisation blaßt mit dem Überhandnehmen der Staatsgewalt vielfach zu einer bloß religiösen ab. Gewiß war sie von Anfang an auch immer eine Kultgemeinschaft. Allein offenbar mußte sie, außerdem noch eine Gemeinsamkeit des Wohnsitzes, des Eigentums, des Rechts- und Waffenschutzes einschließend, eine viel stärkere Betonung im Interessenbewußtsein haben als in den Epochen, wo sie nur Gemeinsamkeit von Festen und Opfern bedeutete, wie es in der späteren Antike und im heutigen China der Fall ist. Hier mußte die ausschließlich religiöse Sanktionierung der Vereinigung mit einem verminderten Akzent der Gruppeneinheit und ihrer Bedeutung Hand in Hand gehen. Die umgekehrte Wegerichtung herrschte zwischen römischem Sakralrecht und Kriminalrecht. Die durchaus einreihige, irdisch-logische Sinnesart der Römer scheint das *bis in idem* zu verwerfen, das in der zugleich irdischen und göttlichen Heimsuchung desselben Vergehens liegt. Hat es der Strafrichter in die Hand genommen, so muß der Priester zurücktreten, weil die Idee, daß die Gesamtheit des Irdischen noch einmal einer höheren Verantwortung unterstehe, diesem Volk ganz fernliegt. Daher wird bemerkt, daß die moralische Bedeutung der Religion bei ihm in demselben Maße zurückgeht, in dem die ursprünglich durch Sakralrecht gesühnten Übeltaten dem Kriminalrecht anheimfallen. So wenig hiermit das Wesen der Normierungsarten erschöpft ist, so kann es doch plausibel machen, wie sie alle nur sozusagen verschiedene seelische Aggregatzustände und ihre Wechsel nur formale Umlagerungen der gleichen praktischen Lebensinhalte sind. Wo diese nun unter die Ägide der Religion gestellt werden, muß eine solche freilich schon zuvor bestehen. Allein das Entscheidende sind hier doch nicht die dogmatischen Vorstellungen über die transzendenten Wesenheiten, welche vielmehr nur das Sanktionierungsmittel bilden, sondern daß das sozial Erforderte ein Festigkeitsmaß, eine Gefühlsbegleitung, eine Weihe erhält, die in einer sonst nicht erzielbaren Tonart seinen Notwendigkeitsgrad ausdrücken, und mit denen sich ein neuer Aggregatzustand der sozialen Norm entwickelt.

Mögen es sanitätspolizeiliche Vorschriften sein, die als göttliche Gebote eingeschärft werden, wie in der altjüdischen Gesetzgebung; mag, wie im 7. und 8. Jahrhundert in den Gebieten des germanischen Christentums, Mord und Meineid in die kirchliche Jurisdiktion übergehen und als Verletzungen der göttlichen Ordnung vom Bischof durch kirchliche Buße gesühnt werden; mag der Gehorsam gegen den Fürsten als Konsequenz seines Gottesgnadentums auftreten, – überall entfalten sich hier Verhältnisse innerhalb der Gesellschaft, die ohne ihre soziale Bedeutung niemals zur religiösen aufgestiegen wären – freilich auch nicht, ohne daß der sie tragende Lebensprozeß, sozusagen noch bevor er die sozialen oder überhaupt irgendwelche Inhalte gefunden hat, mit funktionell religiösem Charakter verliefe. Aber es liegen in gewissen soziologischen Relationen Gefühlsspannungen und Bedeutungen, die sie zur Aufnahme in die religiöse Form prädestinieren. So kann das religiöse Gebilde oder einzelne seiner Züge am Sozialen groß werden und sich ihm dann als selbständiges gegenüberstellen, weil dies Soziale gewissermaßen einen Kanal bildet, durch den jene Lebensstimmung fließen kann, ihre Richtung bewahrend und doch von dem durchströmten Gebiet eine Form oder eine Substanz, gleichsam eine Möglichkeit, zum Gebilde zu werden, mitnehmend. Die sozialen Verhältnisse würden dies Transzendente niemals zu sich herangerufen haben – wie unzählige andere ihnen vielfach koordinierte Normen es auch wirklich nicht getan haben –, wenn nicht gerade *ihr* Gemütswert, *ihre* vereinigende Kraft, *ihre* Enge sie von sich aus zu der Projizierung auf die religiöse Ebene disponierte.

Die tiefe Grundlage, auf der die religiöse Kategorie die sozialen Beziehungen durchdringen und formen, aber auch von ihnen wieder zur Anschauung gebracht werden kann, ist durch die merkwürdige Analogie geschaffen, die zwischen dem Verhalten des Individuums zur Gottheit und dem zur sozialen Allgemeinheit besteht. Vor allem ist das Gefühl der Abhängigkeit hier entscheidend. Das Individuum fühlt sich an ein Allgemeines, Höheres gebunden, aus dem es fließt und in das es fließt, dem es sich hingibt, aber von dem es auch Hebung und Erlösung erwartet, von dem es verschieden und doch auch mit ihm identisch ist. Man hat Gott als die coincidentia oppositorum bezeichnet, als den Einheitspunkt, der alle Gegensätzlichkeiten des Daseins in seine Ungeschiedenheit zusammenschmelzen läßt. Darin sind auch die äußersten Mannigfaltigkeiten des Verhaltens der Seele zu Gott und Gottes zur Seele einbegriffen. Liebe und Entfremdung, Demut und Genuß, Entzückung und Reue, Verzweiflung und Vertrauen – sind nicht nur die Färbungen wechselnder Epochen solchen Verhaltens, sondern jede von ihnen läßt eine Spur in der Grundbeziehung der Seele zu ihrem Gott zurück, so daß diese alle Gegensätze möglicher Stimmungen wie mit einem Atemholen in sich einzubeziehen und aus sich auszuströmen scheint. Und der Gott selbst ist zwar gerecht, aber er verzeiht doch über die Gerechtigkeit hinaus. Er steht in der antiken Welt, und nicht nur in ihr, sozusagen über den Parteien und ergreift doch Partei. Er ist der absolute Herr über die Welt und läßt sie doch nach der Undurchbrechlichkeit ihrer Gesetze abrollen. Indem so das Wechselverhältnis zwischen dem Menschen und seinem Gott die ganze Skala von Beziehungsmöglichkeiten im Nacheinander und im Zugleich einschließt, wiederholt es ersichtlich die Verhaltungsweisen, die zwischen dem Individuum und seiner gesellschaftlichen Gruppe bestehen. Hier ist das gleiche Umfaßtsein des Einzelnen von einer Übermacht, die ihm doch ein Maß von Freiheit gestattet; ein Empfangen, dem doch eine Reaktion antwortet; ein Sich-Hingeben, das doch die Rebellion nicht ausschließt; ein Lohn und eine Strafe; die Beziehung eines Gliedes zum Ganzen, während das Glied doch selbst ein Ganzes zu sein verlangt. Insbesondere jene Demut, in der der Fromme alles, was er ist und hat, Gott zu verdanken bekennt, in ihm die Quelle seines Wesens und seiner Kraft erblickt, läßt sich auf das Verhältnis des Einzelnen zur Gesamtheit übertragen. Denn auch nicht schlechthin Nichts ist der Mensch Gott gegenüber, sondern nur ein Staubkorn, eine schwache, aber immerhin doch nicht völlig nichtige Kraft, ein Gefäß, das jenem Inhalt aufnahmefähig entgegenkommt. So offenbart sich die gleiche Gestaltung in den religiösen wie in den soziologischen Existenzformen des Individuums. Diese letzteren brauchen nur von der religiösen Stimmung begleitet oder aufgenommen zu werden, um die wesentliche Form der Religion als eines selbständigen Gebildes und Verhaltens zu ergeben. Ohne an diesen allgemeinen Zusammenhang zu denken und ihn deshalb um so besser beweisend, entwirft ein Spezialkenner der altsemitischen Religion folgende Schilderung. »Den arabischen Helden in der Zeit unmittelbar vor dem Islam fehlte die

Religion im gewöhnlichen Sinne des Wortes in auffälligem Maße;
um Götter und göttliche Dinge bekümmerten sie sich sehr wenig,
und in Angelegenheiten des Kultus waren sie ganz nachlässig. Dagegen empfanden sie dem Stamm gegenüber eine gewisse religiöse
Ehrfurcht, und das Leben eines Stammesgenossen galt ihnen als
heilig und unverletzlich. Dieser scheinbare Widerspruch wird in-
dessen im Lichte der antiken Anschauung begreiflich, für die der
Gott und seine Anhänger eine Gemeinschaft bilden, innerhalb deren
der gleiche Charakter der Heiligkeit ebensowohl in den Beziehungen der Gläubigen zueinander wie in ihrem Verhältnis zur Gottheit
zum Ausdruck kommt. Die ursprüngliche religiöse Gemeinschaft
war der Stamm, und alle Verpflichtungen, die in der Verwandtschaft begründet sind, waren zugleich Bestandteile der Religion,
und selbst wenn der Stammesgott zurückgetreten und fast in Vergessenheit geraten war, behauptete sich doch das Wesen der Stam-
mesreligion in der bleibenden Heiligkeit des Blutbandes.« Es gibt
eben soziale Verhältnisse, Relationen der Menschen untereinander,
die sozusagen ihrer Form nach religiöse Halbprodukte sind. Es sind
dieselben Beziehungswerte, die von ihrem sozialen Interesseninhalt
gelöst und in die transzendente Dimension erhoben, Religion im
engeren, selbständigen Sinne bedeuten. Unter mancherlei Verhül-
lungen und Verschiebungen der Oberflächen sind diese Zusammenhänge spürbar. Ich erinnere an das religiöse – oder, wenn das
Wortmonstrum gestattet ist: religioide – Moment, das für ein tiefe-
res Empfinden vielleicht in allem Hingeben und Annehmen liegt.
Natürlich hat es rein als soziologisches Ereignis mit der Religion als
differenziertem Gebiet nichts zu tun. Dennoch liegt in seiner innern
Struktur eine schwer bezeichenbare ideelle Verwandtschaft mit
einem Zuge des religiösen Wesens, der aus diesem in den fertig
ausgestalteten Religionen als das *Opfer*moment auskristallisiert ist.
Sehr bezeichnend ist es, wenn der altindische Mensch durch das
Opfer, mit dem er den Gott nährt und stärkt, über ihn eine Macht
gewinnt. Von wessen Soma die Götter einmal getrunken haben, mit
dem müssen sie es halten. Kein Zweifel, daß hier eine gewisse
»Zauberei« vorliegt; die Frage ist nur eben, aus welchen tieferen
Gründen sie gerade zu diesem Phänomen gekommen ist. Sicher
wohl nicht durch ein geradliniges Metaphysisch-Werden des öko-
nomischen Wechselspieles von Wert und Gegenwert; vielleicht aber
dadurch, daß in allem Schenken, über den Substanzwert des Ge-

schenkes hinaus, eine seelische Wertbedeutung liegt, infolge deren wir auch die innere Bindung durch das angenommene Geschenk keineswegs durch eine äußerlich gleichwertige Gegengabe lösen und aufheben können. Und anderseits ist auch die Annahme des Geschenkes nicht bloß ein passives Bereichertwerden, sondern auch sie ist eine Gewährung an den Schenkenden. Wie im Schenken, so liegt auch im Sich-Beschenken-Lassen eine Gunst, ganz jenseits des Wertquantums seines Gegenstandes. Mit diesen überrationalen Obertönen, die die Gefühlssphäre des Schenkens als soziologischen Ereignisses eigentümlich erweitern, bereitet dieses sich vor, die religiöse Schwingung aufzunehmen und weiterzugeben. Jene indische Vorstellung, soweit sie nicht mechanistisch geworden, sondern von innerlich religiöser Bedeutung geblieben ist, setzt wohl das soziologische Verhältnis des Schenkens und Annehmens voraus, das sich, durch seine eigene innere Formung, der religiösen Stimmung dazu anbot, sich ins Transzendente auszugestalten.

Solche Beziehung des Sozialen und des Religiösen offenbart sich, in dem Phänomen ihrer Einheit ebenso wie ihrer Trennung, am einfachsten an dem, was auf beiden Gebieten schlechthin die »Pflicht« heißen kann. Jenseits des Buddhismus und des Christentums fällt beides allenthalben zusammen. Der Dienst der Götter ist in der ganzen antiken und fast überall in der ethnischen Welt ein Bestandteil des Lebens in der politischen oder auch familiären Gemeinschaft, der zu diesem Leben gehört wie die Sprache einer solchen; daß sich jemand ihm entzöge, ist nichts anderes, als wollte er die Waffenpflicht weigern oder eine Sprache ganz für sich allein kreieren. Ja selbst der Buddhismus beweist dies, wenn auch als negative Instanz. Ihm fehlt völlig das soziale Moment. Sein Ideal ist das mönchische, in das freilich Aufopferung und Leiden für andere gelegentlich eingeschlossen ist. Aber nicht um der anderen, sondern um des Subjektes und seines Seelenheiles willen. Er lehrt das völlige Zurückziehen von der gesellschaftlichen Welt. Das Sich-Erlösen ist ihm nur das Sich-Lösen von allem Dasein, dem sozialen nicht weniger wie dem natürlichen: er kennt nur Pflichten gegen sich selbst, und wenn das Wohl anderer darin einbegriffen ist, so ist es »das Wohl aller lebenden Wesen« – im schärfsten Gegensatz gegen die politisch-soziale Abgrenzung, die die gesellschaftlichen Pflichten in der klassischen und der nichtchristlichen Welt überhaupt, aber auch in dem größten Teil der christlichen, festlegten. Nun aber ist der Buddhismus auch keine Religion. Er ist die Lehre von dem Heil, das der Strebende absolut allein, durch sein eigenes Wollen und Denken gewinnen kann, und das, wenn er die ausschließlich in der Verfassung seiner Seele gelegenen Bedingungen desselben erfüllt, sich ganz von selbst einstellt. Die Erlösung vom Leiden, der einzige Inhalt des Buddhismus, bedarf keiner transzendenten Macht, keiner Gnade, keines Mittlers, sie wird nicht vollzogen, sondern sie vollzieht sich als der logische Erfolg des Verzichtes der Seele auf allen Lebenswillen. Daß hier also soziale und religiöse Pflicht die Korrelation nicht besitzen, die sie sonst außerhalb gewisser Differenzierungen der christlichen Kultur stets zeigen, das liegt einfach daran, daß der Buddhismus die Seiten dieser Korrelation nicht besitzt, daß er weder soziale Normen enthält, noch eine Religion ist. Sonst ist überall – am deutlichsten im alten Semitentum, Griechentum, Römertum – die religiöse Pflicht der Opfer, das Gebet, der gesamte Kultus keine persönliche Angelegenheit, sondern liegt dem Individuum als Mitglied einer bestimmten Gruppe ob, welche denn auch als ganze für die religiösen Verfehlungen des Einzelnen haftbar gedacht wird. Und eben darum kann von der andern Seite her das gesellschaftliche Leben der Antike völlig unter dem religiösen Aspekt verlaufen; die religiöse Weihe, die äußerlich angesehen nur als eine Begleiterscheinung des sozial Erforderten erscheint, bildet in Wirklichkeit eine innerliche, gar nicht trennbare Einheit mit diesem. Daß gesellschaftliche Erfordernisse unter den Schutz der Religion gestellt werden, daß das Verhältnis des Einzelnen zur Gesamtheit der Pflicht gegen Gott eingeordnet wird, ist nur eine verdeutlichende oder objektivierende Herausarbeitung der Gefühlsmotive, die die sozialen Beziehungen schon sozusagen in ihrer inneren Form enthalten, genauer: in der Disposition dieser Form, zu Ort oder Gegenstand der religiösen Stimmung zu werden.

Die Beziehung des pietätvollen Kindes zu seinen Eltern; des enthusiastischen Patrioten zu seinem Vaterland oder des ebenso gestimmten Kosmopoliten zur Menschheit; die Beziehung des Arbeiters zu seiner sich emporringenden Klasse oder des adelsstolzen Feudalen zu seinem Stand; die Beziehung des Unterworfenen zu seinem Beherrscher, unter dessen Suggestion er steht, oder des rechten Soldaten zu seiner Armee – alle diese Verhältnisse mit so unendlich mannigfaltigem Inhalt können doch, auf die Form ihrer psychischen Seite hin angesehen, einen gemeinsamen Ton haben, den man als religiös bezeichnen muß. Sie alle enthalten eine eigenartige Mischung von selbstloser Hingabe und eudämonistischem Begehren, von Demut und Erhebung, von sinnlicher Unmittelbarkeit und unsinnlicher Abstraktion, und alles dies nicht nur in alternierenden Stimmungen, sondern außerdem in einer beharrenden Einheit, die wir verstandesmäßig nicht anders erfassen können als durch die Zerlegung in derartige Gegensatzpaare. Damit entsteht ein bestimmter Spannungsgrad des Gefühls, eine spezifische Innigkeit und Festigkeit des inneren Verhältnisses, eine Einstellung des Subjektes in eine höhere Ordnung, die von ihm doch zugleich als etwas Innerliches und Persönliches empfunden wird. Diese Gefühlselemente, aus denen sich die Innenseite, aber auch die Außenseite derartiger Beziehungen mindestens zum Teil aufbaut, heißen uns religiöse. Dies dokumentiert sich, in gleichsam substantielle Form übergegangen, darin, daß der Gott die Verhältnisse der Menschen schafft oder sanktioniert. Götter unterscheiden sich z. B. danach, ob sie um der Ungleichheit oder um der Gleichheit der Menschen willen da sind, d. h. ob sie die vorhandenen Ungleichheiten legitimieren – oder geschaffen werden, damit ein Wesen da sei, vor dem alle gleich sind. Aber gerade daß dieses Auseinandergehen der inhaltlichen Richtungen die Gleichheit der transzendenten Weihe nicht hindert, zeigt die Gleichheit der Struktur, die diese Ideale als soziale überhaupt besitzen und die sie für das Umfaßtwerden vom religiösen Leben vorbereitet. Eben dies, daß sie religiös sind, verleiht ihnen eine Note, die sie von den auf reinen Egoismus oder reine Suggestion oder rein äußerliche oder sogar rein moralische Kräfte gegründeten Beziehungen unterscheidet. Vielleicht kann man diese Gefühlstonart in den meisten Fällen als die der Frömmigkeit bezeichnen. Frömmigkeit ist die Stimmung der Seele, die zur Religion wird, sobald sie sich in besondere Gebilde projiziert: für unsern Zusammenhang ist es bezeichnend, daß pietas gleichmäßig das fromme Verhalten gegen Menschen wie gegen Götter ausdrückte. Die Frömmigkeit, die die Religiosität gleichsam noch im fließenden Zustand ist, braucht zu der festen Form des Verhaltens zu Göttern, zu der Religion, nicht vorzuschreiten. Es ist ein typisches Vorkommnis, daß Stimmungen oder Funktionen, die ihrem logischen Wesen nach eigentlich über die Seele hinausweisen, dennoch in ihr selbst verbleiben und sich an keinerlei Gegenständen bewähren. Es gibt liebevolle Seelen, deren ganzes Sein und Tun von der eigentümlichen Weichheit, Wärme, Hingebung der Liebe getränkt ist und die doch nie eine eigentliche Liebe zu einem einzelnen Menschen fühlen; böse Herzen, bei denen alles Denken und Wünschen auf dem Boden einer grausamen und selbstsüchtigen Gesinnung verläuft, ohne daß es sich doch zu wirklich bösen Taten verdichtete; künstlerische Naturen, deren funktionelle Art, die Dinge anzusehen, das Leben zu leben, ihre Eindrücke und Gefühle zu formen, absolut künstlerischer Art ist, und die doch niemals ein Kunstwerk schaffen. So gibt es fromme Menschen, die ihre Frömmigkeit keinem Gott zuwenden, also nicht demjenigen Gebilde, das nichts anderes als der reine Gegenstand der Frömmigkeit ist: religiöse Naturen, die keine Religion haben. Solche werden unter denen sein, die die vorhin berührten Verhältnisse in religiöser Gesinnung erleben und fühlen. Daß wir diese religiös nennen, geschieht freilich daraufhin, daß das aus ihnen allein erwachsene, substantiell verselbständigte Gebilde der fertigen Religion existiert, gleichsam die Reinkultur der Impulse, Stimmungen und Bedürfnisse, die in jenen Verhältnissen sich an empirischem, sozialem Material herstellen.

Man könnte sich denken, daß die seelisch derartig charakterisierten soziologischen Beziehungen, sobald sie nur von einem Lebensprozeß getragen werden, der als solcher religiös ist, und innerhalb der Grenzen des von ihnen besetzten Gebietes, die genuinen religiösen *Erscheinungen* sind, und daß die in dieser Charakterisiertheit lebendigen Funktionen, gleichsam ein Eigenleben gewinnend und über ihr Bewährungsmaß an sozialem Stoff hinauswachsend, sich »Götter« als ihre Objekte schafften. Es fehlte dazu, unter äußerlich weitem Abstand der Inhalte, nicht an Analogien. Es ist oft genug beobachtet, daß der Affekt der Liebe sich sein Objekt selbst schafft. Nicht so nur, daß der erotische Trieb sich einen Gegenstand sucht, der ihm entspreche und an dem er sich auslebe, auch nicht so, daß verliebte Illusionen in einen Gegenstand jene ersehnten Werte hineintrügen, deren er in Wirklichkeit entbehrt. Vielmehr, als Gegenstand der Liebe bleibt der Geliebte *immer* eine Schöpfung des Liebenden. In der Liebe entsteht ein neues Gebilde, angeknüpft freilich an die Tatsache einer Persönlichkeit, aber seinem Wesen und seiner Idee nach in einer völlig anderen, für die an sich seiende Wirklichkeit dieses Menschen unberührbaren Welt lebend. Man verwechsle nur nicht die vorgestellten Inhaltsqualitäten mit der Form- oder Wesensfrage, um die es sich hier handelt. Das Bild des Geliebten, aus jenen Eigenschaften erwachsend, mag mit seiner Wirklichkeit übereinstimmen oder nicht; die Produktivität des Liebenden, die den Geliebten als ein Gebilde jenseits aller anderen Ordnungen der Dinge schafft, wird weder durch jenen Fall überflüssig, noch durch diesen bestätigt. Es verhält sich damit wie mit dem Kunstwerk, das als Kunstwerk – also im Unterschied gegen jede bloße Nachbildung einer Wirklichkeit – in jedem Fall eine schöpferische Bedeutung hat, ganz gleichgültig dagegen, ob es seine Inhalte aus einer gegebenen Wirklichkeit entlehnt. Das Kunstwerk quillt aus der inneren produktiven Bewegung des Künstlers. Es ist Kunstwerk, insofern diese sich zu ihm verkörpert hat, und damit etwas ganz anderes wie etwa das Stück Marmor, als das es in der Welt greifbarer Realität dasteht, etwas ganz anderes auch wie die aus der Erfahrung in dieser Welt gezogene Form. So steht der Mensch, der von einem andern geliebt wird, insofern in einer ganz neuen Wesenskategorie. Er ist das Erzeugnis der Liebe, gleichviel ob die Qualitäten, aus denen er in der Vorstellung des Liebenden besteht, aus seiner sonstigen Realität gezogen oder rein phantastische sind. Mit dieser Andeutung soll die banale Selbstverständlichkeit, daß die Götter die Produkte der religiösen Stimmung sind, in einen weiteren und, wie mir scheint, nicht ebenso selbstverständlichen Zusammenhang eingestellt werden. Das Wirksamwerden gewisser fundamentaler seelischer Kräfte und Impulse bedeutet, daß sie sich ein Objekt schaffen. Die Bedeutung des Gegenstandes dieser Funktionen der Liebe, der Kunst, der Religiosität ist nur die Bedeutung der Funktionen selbst. Aber freilich: durch Inhalte überhaupt muß jede von diesen hindurchgeführt werden, um sich sozusagen zu realisieren, um einen Gegenstand zu haben; diesen aber stellt sie in ihre eigene Welt ein, indem sie ihn dadurch als den ihrigen schafft. Es ist dafür ganz gleichgültig, ob die Inhalte, die sich in dieser besonderen Form zusammenfinden, sonst schon bestehen oder nicht: sie werden in jedem Fall jetzt zu neuen Gebilden eigenen Rechts. Wenn der religiöse Trieb jene soziologischen Tatsachen in sich aufnimmt, wenn die Beziehung eines Individuums zu Individuen überragender Ordnung oder zu einem gesellschaftlichen Ganzen oder zu den idealen Normen desselben oder zu den Symbolen, in denen ein Gruppenleben sich verdichtet, den Ton annimmt, den wir religiös nennen, so ist dies, funktionell angesehen, derselbe Schöpferweg seiner Seele, den er mit der Schaffung der »Religion« geht – wenn auch noch nicht ein zu so entwickelter Differenzierung und Objektivierung vorgedrungener. Er hat damit die Welt seiner religiösen Impulse ebenso bevölkert, wie wenn er zu einem Gott betet; nur daß im letzteren Falle die Funktion reiner in sich selbst zu schwingen scheint, weil sie den anderweitig schon bestimmten Stoff gleichsam wieder hinter sich gelassen hat. In dem Prinzip aber, auf dessen Herausarbeitung es hier ankommt, macht dies keinen Unterschied. Die Gegenstände der Religiosität, die der Mensch innerhalb gewisser sozialer Beziehungen findet, sind als solche genau so gut Produkte seiner Frömmigkeit, wie das Transzendente es ist. Ob Verhältnisse solcher Art historisch vorangegangen sind, um dann, wie durch Abstraktion und Sublimierung jenes religiösen Gefühlselementes, die Religiosität sich in der transzendenten Verabsolutierung dieser Verhältnisse verkörpern zu lassen, oder ob solche auf ein Wesen außerhalb des Ich gerichteten Gefühle und Tendenzen gleichsam freischwebend, rein funktionell, in uns angelegt sind und sich unabhängig von ihrer Bewährung an *bestimmten* Gegebenheiten sozialer oder anderer Ordnungen ein Objekt geschaffen haben, an dem sie sich ausleben konnten, – das muß hier, wenn nicht überhaupt, unentschieden bleiben. Die hier zu gewinnende Erkenntnis ist keine die historische Zeitfolge betreffende, sondern die rein sachliche: daß in dem seelischen Gesamtkomplex der Verhältnisse des Individuums zu einem andern oder zu einer Individuengruppe die religiöse Welt ganz ebenso ihre Provinzen hat, wie sie sie in den deutlicheren und reineren Erscheinungen der Religion im üblichen Wortsinne findet.

Wenn ich dazu übergehe, die bisher nur aus einer gewissen Entfernung betrachteten Analogien des sozialen und des religiösen Verhaltens in einzelneren Ausgestaltungen zu verfolgen, so ist nun deutlich, daß hier unter Analogie nicht eine zufällige Gleichheit gegeneinander gleichgültiger Erscheinungen zu verstehen ist. Die Gleichheit jener beiden Verhaltungsgebiete möchte ich vielmehr ihrem Sinne nach so deuten: die religiöse Kategorie, eine seelische Art, zu leben und die Welt zu erleben, ergreift als betrachtende, handelnde, fühlende Energie die Inhalte des Daseins und gewinnt dadurch die Möglichkeit, sich eine gegenständliche Welt gegenüberzustellen, die von ihr gestaltet ist – die Welt der Religion gegenüber der Religiosität, die ein an sich gegenstandsloser *Zustand* oder Rhythmus der Innerlichkeit ist. Zu diesen Inhalten, durch die die Religiosität gewissermaßen hindurchgeht oder deren sie sich bemächtigt, gehören die soziologischen Gebilde, von denen sich mehr und mehr zeigen wird, wie sehr sie durch ihren Bau zu einem Lebens- und Betätigungsbezirke des religiösen Wesens prädestiniert sind. Erhebt sich eine Religiosität (wie sie es historisch von Anfang an tut) zur Schaffung eigener Gebilde, einer Existenz von Göttern und Heilstatsachen, so wird sie in diese Welt Formen von jenem Inhalte her hineintragen, die gleichsam an der religiösen Eigenbewegung abgeschattet sind und nun, von ihrem sozialen Stoff gelöst und wie freischwebend, sich im Transzendenten ansiedeln. Oder vielleicht – ich kann dies, als weitere Motivierung jener »Analogie«, hier nur andeuten – darf man irgendwelche tief gelegene Bewegungsformen des seelischen Lebens voraussetzen, die sich in der Gestaltung des religiösen ebenso wie in der des sozialen Daseins betätigen, so daß die Gleichheit gewisser Erscheinungen auf der Einheit einer ganz allgemein formbestimmenden Wurzel beruhte.

Unter solchen Voraussetzungen nun betrachte ich zuerst den *Glauben*, den man als das Wesentliche und Spezifische der Religion, als ihre Substanz anzusprechen pflegt; und zu dessen Erkenntnis vor allem seine Scheidung von dem gehört, was man Glauben im theoretischen Sinne nennt. Glaube in intellektueller Bedeutung steht in einer Reihe mit dem Wissen, als eine bloß niedere Stufe desselben, er ist ein Fürwahrhalten auf Gründe hin, die nur an quantitativer Stärke denen nachstehen, auf die hin wir zu *wissen* behaupten. So können uns metaphysische oder erkenntnistheoretische Untersuchungen dahin führen, daß wir die Existenz Gottes für eine plausible oder unter gewissen Umständen sogar notwendige Hypothese halten. Dann glauben wir an ihn, wie man an die Existenz des Lichtäthers oder an die atomistische Struktur der Materie glaubt. Unmittelbar aber fühlen wir, daß, wenn der Religiöse sagt: ich glaube an Gott, damit noch etwas anderes gemeint ist als ein gewisses Fürwahrhalten seiner Existenz. Es sagt nicht nur, daß diese Existenz, obgleich nicht streng beweisbar, dennoch angenommen wird; sondern es bedeutet ein bestimmtes innerliches Verhältnis zu ihm, eine Hingebung des Gefühles an ihn, eine Dirigierung des Lebens auf ihn zu. Daß man von seinem Dasein überzeugt ist wie von irgend einer sonstigen Realität, ist nur eine Seite oder ein theoretischer Ausdruck für jenes seelische subjektive Sein, das unmittelbar mit dem Satze, daß man an Gott glaube, gemeint ist. Die in diesem Satz lebende *Beschaffenheit* der religiösen Seele ist der Jungbrunnen, aus dem sich der theoretische Glaube an das Dasein Gottes trotz aller Gegenbeweise oder Gegenwahrscheinlichkeiten immer wieder erhebt.

Eine eigentümliche Analogie zu diesem Sinne vom »Glauben« ist es nun, daß auch zwischen Menschen ein Verhältnis des gleichen Namens besteht: wir »glauben« an jemanden, – was doch auch hier nicht heißen soll, daß wir an seine Existenz glauben, aber auch ohne daß wir näher bestimmten, *was* wir denn eigentlich an oder von dem andern glauben. Eine ganz spezifische psychologische Tatsache wird damit bezeichnet, daß wir schlechthin »an jemanden glauben«: das Kind an die Eltern, der Untergebene an den Vorgesetzten, der Freund an den Freund, der Einzelne an sein Volk, der Liebhaber an die Geliebte, der Untertan an den Fürsten. Der Glaube an die Wirklichkeit einzelner Qualitäten an solchen Gegenständen unseres Glaubens ist nur eine Detaillierung oder eine Folge dieses Grundverhältnisses, das eine Stimmung des ganzen Menschen in Hinsicht auf den andern bedeutet. Auf einem Gebiet sich abspielend, das jenseits der Frage von Beweis und Widerlegung steht, überlebt solcher Glaube an einen Menschen unzählige Male die objektiv begründetsten Verdächtigungen, den klaren Augenschein der Unwürdigkeit dessen, an den man glaubt. Es ist der *religiöse* Glaube, der hier an dem Verhältnis von Mensch zu Mensch auftritt. Der Glaube an Gott ist eben diese vom Subjekt her aus sich heraus gerichtete Zuständlichkeit, von ihrem empirischen Gegenstand und ihrem relativen Maß gelöst, ihr Objekt aus sich allein produzierend und dieses deshalb ins Absolute steigernd. Die soziologische und die transzendente Form dieses Glaubens haben zunächst für das Subjekt selbst analoge Erfolge. Man hat mit Recht hervorgehoben, welche Stärke und welche Ruhe, welche sittliche Zuverlässigkeit und welche Erhebung über die Fesselungen des niederen Lebens der Glaube an ein Göttliches mit sich bringt, ganz unabhängig von der objektiven Wirklichkeit seines Gegenstandes. Denn der Glaube ist eben ein Zustand der Seele, der zwar auf ein Außer-ihr bezüglich ist, diese Bezüglichkeit aber als ein inneres Merkmal seiner selbst besitzt. Die Seele schöpft zwar – so muß es mindestens für die bloß psychologische Betrachtung gelten – die Kräfte zu jenen Erhöhungen aus sich selbst, aber indem sie sie die Station des Gottesglaubens passieren läßt, gewinnen sie eine konzentriertere und produktivere Form, sie stellt ihre Kräfte sich selbst gegenüber und kann dadurch und indem sie sie in dieser Gestalt wieder in sich zurücknimmt, sie zu sonst unerreichbaren Werterfolgen wachsen lassen. Diese eigentümlich zweckmäßige Anordnung, zu der die seelischen Energien durch den Glauben im religiösen Sinne veranlaßt werden, kann sich ebenso einstellen, wenn dieser Glaube sich von Mensch auf Mensch richtet. Der Glaube an einen Menschen, auch objektiv ungerechtfertigt, hat den ungeheuren Vorteil, vieles in unserer Seele lebendig zu machen und zusammenzubringen, was sonst unbewußt oder unwirksam geblieben wäre. Jener tröstet uns mit banalen Gründen, – aber wir *glauben*, daß er das Beste und Richtige sagt, und damit holt er aus unserer Seele heraus, was an wirklichen Trostmomenten in ihr latent ist. Er unterstützt uns im Leiden mit halben und schief gerichteten Kräften, – aber da wir nun glauben gestützt zu sein, gewinnen wir auch von uns aus neuen Mut und Kraft. Er beweist uns etwas mit schlechten Argumenten, – aber da wir es nun für wahr halten, werden uns von uns aus die wirklichen Beweisgründe dafür bewußt. Gewiß schmücken wir jemanden, an den wir glauben, oft nur mit unseren eigenen Schätzen; aber was er uns leistet, ist, daß wir diese Schätze überhaupt ausgraben. Und schließlich ist die gesammelte Form des gleichen Vorganges: der Glaube des Menschen an sich selbst. An diesem Falle von Glauben wird am deutlichsten, daß alle seine einzelnen Inhalte nur die Ausgestaltungen sind, mit denen einzelne Gelegenheiten eine Grundstimmung der Seele realisieren. Wenn wir an einen Andern oder an Gott glauben, so bedeutet dies, daß die Unruhe und Unsicherheit, die zu fühlen unser allgemeines Schicksal ist, nach der Richtung dieser Wesen hin einer Festigkeit Platz gemacht hat: ihre Vorstellung ist ein Quietiv in dem Auf- und Abschwanken der Seele, und daß wir uns im einzelnen Fall »auf sie verlassen«, ist die Projizierung dieses Sicherheitsgefühles, das unsern seelischen Zustand unter Einwirkung ihres Bildes charakterisiert. Eben dieses bedeutet der Glaube an uns selbst: eine im letzten Gefühl des Ich fundamentierte Ruhe und Sicherheit, ausgeprägt in der Vorstellung, daß man dieses Ich jeder Situation gegenüber siegreich bewahren und durchsetzen werde. In interessanter Weise erscheint der Glaube an sich selbst in soziologischen und religiösen Fundamenten bei den Altarabern verankert. Die Lebensstruktur dieser Völker verrät ein unbegrenztes Selbstvertrauen des Einzelnen, einen sicheren Egoismus, ja Züge, die man als Selbstvergötterung bezeichnet hat; und daneben glaubte man eine eigentliche Religion nicht entdecken zu können, vor allem nicht den unerläßlichen Ahnenkult. Mit tieferem Eindringen aber hat man beides aus der ursemitischen Vorstellung gedeutet, daß die Ahnenreihe in jedem Nachkommen fortlebt, daß der Stamm, der eigentliche Gegenstand der religiösen Empfindungen, im Blute jedes Individuums unmittelbar enthalten ist. Das fröhliche Selbstvertrauen, der ungebrochene Glaube an sich selbst ist hier das Gefäß, in das, vermöge des Vererbungsgedankens, sowohl die soziologische Substanz wie ihre religiöse Gestaltung einströmen; die Sicherheit, mit der der Altaraber in dem Bewußtsein, der Nachkomme solcher Ahnen zu sein, ruhte – eine Sicherheit, die völlig religiöse Färbung hatte und eine ganze Welt geheiligter Rechte und Pflichten mit sich brachte –, wurde auf diesem Wege mit der Sicherheit identisch, mit der er an sich selbst glaubte, sich selbst »vergötterte«. – Und ganz allgemein gibt, wegen der Identität des seelischen Grundverhaltens, der Glaube an Gott und der an sich selbst dem Menschen oft ganz die gleiche heitere Unstörbarkeit, dasselbe Vertrauen auf die Zukunft, dieselbe leichte Ersetzbarkeit eines soeben als Trug erwiesenen Wertes durch eine neue Hoffnung. Und so hat der Glaube an sich selbst, auf wie viele Irrwege er uns auch führen und wie teuer er uns auch ein unsere Leistungen vorwegnehmendes Selbstgefühl verkaufen möge, doch die gleichen Zweckmäßigkeiten wie der Glaube an andere. Wie vieles können wir nur, weil wir glauben es zu können, wie oft wird eine Begabung nur dadurch zu ihrer äußersten Grenze entwickelt, daß wir diese Grenze noch für viel weiter gesteckt halten, wie oft handelt jemand gelegentlich in anständiger Weise aus einem gewissen »noblesse oblige« heraus, zu dem er keineswegs durch seine bisherige Beschaffenheit, sondern allein durch seinen *Glauben* an diese Beschaffenheit berechtigt ist. Der praktische Glaube ist ein Grundverhalten der Seele, das seinem Wesen nach soziologisch ist, d. h. als ein Verhältnis zu einem dem Ich gegenüberstehenden Wesen aktualisiert wird. Daß es dem Menschen auch sich selbst gegenüber möglich ist, ruht auf seiner Fähigkeit, sich in Subjekt und Objekt zu spalten, sich selbst wie einem Dritten gegenüberzutreten, – einer Fähigkeit, die an keiner sonstigen Erscheinung der Welt, die wir kennen, eine Analogie besitzt und die unsere ganze Geistesart begründet. Daß die Konsequenzen des Glaubens an das Ich, an den anderen, an Gott untereinander so vielfach verwandt sind, geht einfach daraus hervor, daß alle diese nur dem soziologischen Objekt nach verschiedene Äußerungen des gleichen seelischen Spannungszustandes sind.

Welche rein soziale Bedeutung dieser religiöse Glaube jenseits solcher individuellen hat, ist noch gar nicht untersucht worden; aber es ist mir sicher, daß ohne ihn die Gesellschaft, wie wir sie kennen, nicht bestehen würde. Daß wir über alles Beweisen hinaus, oft gegen alles Beweisen, an dem Glauben an einen Menschen oder an eine Gesamtheit festhalten, – das ist eines der festesten Bänder, mittels deren die Gesellschaft zusammenhängt. Das Gehorsamsverhältnis etwa beruht unzählige Male nicht auf dem bestimmten Wissen von Recht und Überlegenheit des anderen, auch nicht auf Liebe und Suggestion, sondern auf jenem »Glauben« an die Macht, das Verdienst, die Unwiderstehlichkeit und Güte des anderen, – einem Glauben, der eben keineswegs nur eine theoretische Annahme hypothetischer Art ist, sondern ein ganz eigenartiges zwischen den Menschen aufwachsendes seelisches Gebilde. Er erschöpft sich auch keineswegs an jenen einzelnen Qualitäten, die er sich als Werte seines Gegenstandes vorstellt; sondern dies sind relativ zufällige Inhalte, an denen die formale Stimmung und Tendenz zum anderen hin, die der Glaube an ihn heißt, sich vergegenständlicht und aussprechbar wird. Er verquickt sich als soziologische Macht natürlich mit allen möglichen anderen Wissens-, Willens- und gefühlsmäßigen Verbindungskräften, während er in reiner, für sich allein wirksamer Gestalt sich in dem Gottesglauben darstellt, – eine Vergrößerung und Verabsolutierung, die uns sein Wesen in jenen niederen und gemischten Erscheinungen sozusagen erst sichtbar macht. In diesem Gottesglauben hat der Prozeß des »Glaubens an jemanden« sich von der Bindung an den sozialen Gegenpart losgelöst, er hat sein Objekt auch dem Inhalte nach aus sich erzeugt, während er in seiner sozialen Wirksamkeit einen schon in anderen Ordnungen gegebenen Gegenstand vorfindet. Religiös aber wird dieser Glaube nicht erst durch seine Ausspannung ins Transzendente, welche vielmehr nur ein Maß und eine Darstellungsart von ihm ist, sondern er ist es schon in seiner soziologischen Realisierung, die von vornherein von den Energien der formal religiösen Funktion durchdrungen ist. Durch seine Synthese von Gebundenheit und Expansion des Ich, von Scharfsichtigkeit und Blindheit, von Spontaneität und Abhängigkeit, von Schenken und Empfangen, das in ihm liegt, – bildet er einen Abschnitt der religiösen Ebene, auf die die Verhältnisse der Menschen untereinander projiziert werden, und die diesen Namen und ihren populären Begriff, aber keineswegs ihr Wesen ausschließlich von den in sie eingezeichneten und ihre Struktur freilich am reinsten offenbarenden *transzendenten* Gebilden entlehnt.

Man könnte sagen: Gott ist der Gegenstand des Glaubens schlechthin. Zu ihm läßt der Gläubige die Wurzelkraft dieser Funktion unabgelenkt und unvereinzelt kristallisieren; was nicht widerlegt, sondern bestärkt wird, wenn man »Gläubigkeit« als das Wesen des religiösen Menschen überhaupt bezeichnet, auch desjenigen, bei dem dieser Charakter seines seelischen Daseinsprozesses sich noch nicht oder nicht mehr zu einer Gottesvorstellung aufsubstantialisiert hat, sondern sich praktisch, philosophisch, immanent gefühlsmäßig darlebt. – Aus diesem Ursprunge aber, aus der Ganzheit und Ursprünglichkeit der seelischen Energie, soweit sie noch jenseits ihrer singulären und so immer relativen Anwendungen steht, stammt der Charakter des *Absoluten* an der Gottesvorstellung. Und hierdurch steht die Glaubensfunktion in einer Reihe mit einer Anzahl anderer seelischer Wirksamkeiten, die gerade nur ihr Allgemeinstes, Undifferenziertes, ihre durch keinen Einzelinhalt präjudizierte Kraft in die religiöse Substanz münden lassen. So ist der Gott des Christentums der Gegenstand der Liebe schlechthin. All jene besonderen Beschaffenheiten von Menschen und Dingen, durch die gerade dies Bestimmte unsere Liebesmöglichkeiten zu sich hin verwirklichen läßt, geben der Liebe eine besondere Färbung, neben der eine Liebe zu anderen gleichsam als ein anderer Sonderfall desselben Allgemeinbegriffes Raum hat: die Liebe zu einem anderen ist eine andere Liebe. Dadurch wird die Liebe zu einem empirischen Gegenstande, so sehr sie natürlich ein Vorgang im Liebenden bleibt, doch gewissermaßen ein Produkt aus *seinen* Energien und der Beschaffenheit ihres Gegenstandes. Da nun aber Gott der Seele nicht empirisch gegeben ist, da er ihr nicht als ein differenziertes Einzelwesen gegenübertritt, so ist er das reine Produkt der Liebesenergie überhaupt, in der ihre Verzweigungen, sonst bestimmt, durch das Einzelne der Objekte sich zu verwirklichen, noch ungeschieden ruhen. In demselben Sinne ist Gott auch der Gegenstand des Suchens schlechthin. Jene Rastlosigkeit des inneren Lebens, die die Gegenstände des Vorstellens fortwährend zu wechseln strebt, hat in ihm ihren absoluten Gegenstand, in ihm wird nicht mehr ein einzelner Gegenstand gesucht – was immer ein einzelnes Suchen bedeutet –, sondern das Suchen als solches findet in ihm sein Ziel. Ihm entspricht die Unterströmung von Suchen, von »dahin, dahin«, von Unruhe, von der alles einzelne Verändern-wollen nur Erscheinung oder Teil ist. Indem Gott »das Ziel überhaupt« ist, ist er eben das Ziel des Suchens überhaupt. Damit zeigt sich auch der tiefere Sinn seines Ursprunges als Verabsolutierung des Kausaltriebes. Innerhalb des Empirischen lebt dieser Trieb immer an einem einzelnen Inhalt als ein Sondergebilde, an dem ein spezifischer Stoff und die Kausalform zu einer Einheit verwachsen sind. Insoweit aber der Kausaltrieb ohne solche Einzelanregung wirkt, nicht ein singulär Gegebenes aufnimmt, sondern als reine Funktion sein Objekt produziert, ist dieses Objekt das absolut Allgemeine, als undifferenzierte Energie kann er nur die Ursache des Seins überhaupt zu seinem Inhalt machen. Wenn die Scholastik Gott als das Ens perfectissimum bezeichnet, als dasjenige Wesen, das über alle Einschränkung und Besonderung hinaus ist, so objektiviert dies den Ursprung seiner Vorstellung aus dem, was wir allerdings das Absolute *in unserer Seele* nennen können: aus ihren reinen, nur aus sich selbst heraus wirkenden Funktionen, die nicht durch einen sie hervorrufenden Einzelgegenstand spezialisiert sind. Wenn er »die Liebe selbst« heißt, so gilt dies von hier aus gesehen insoweit von ihm, als es von dem Subjekt gilt und er den Vorgang in diesem in sich aufgenommen hat: er ist nicht ein einzelner Gegenstand der Liebe, sondern er entspringt – seiner wenn auch nie ungestört realisierten Idee nach – dem Liebesimpuls in seiner reinsten Form, gleichsam dem Absoluten der Liebe, jenseits ihrer relativen, d. h. durch Einzelobjekte in die Relativität herabgedrückten Formen. Dadurch wird seine psychologische Beziehung zu den gesellschaftsbildenden Vorgängen zwischen den Menschen festgestellt. Alle Funktionen,

wie Liebe und Glaube, Sehnsucht und Hingebung, knüpfen von
dem Subjekt, als dessen Triebe sie auftreten, Verbindungsfäden zu
anderen Subjekten, das Netzwerk der Gesellschaft webt sich aus
ihren unzähligen Differenzierungen zusammen, sie sind gleichsam
die apriorischen Formen, die auf individuelle Anregungen hin die
empirischen sozial-psychischen Sondererscheinungen ergeben.
Sobald sie aber in ihrer reinen Wesenheit wirken, die nur von der
religiösen Grundstimmung durchdrungen ist, frei von Beschränkung durch einen Gegenpart, so ist der absolute, der religiöse Gegenstand ihr Ziel und Erzeugnis – oder: das in ihnen liegende religiöse Moment wird jetzt frei, nur noch die Form der »Beziehung
überhaupt« zu Lehen tragend. Wie sich in der objektiven religiösen
Vorstellung die einzelnen Stücke und Ereignisse der Wirklichkeit zu
dem göttlichen Sein als ihrer absoluten, in sich einheitlichen, ihre
Gegensätzlichkeit zusammenschließenden Quelle verhalten, so
stehen psychologisch die mannigfaltig individualisierten Impulse,
die die Seelen miteinander soziologisch verknüpfen, zu dem ungebrochen wirksamen, das Allgemeine dieser Zerspaltungen darstel-
lenden Grundimpuls, der – ein jeder in seiner Sprache – die Absolutheit des Menschen in die religiöse Beziehung zu dem Absoluten
des Seins stellt. –

Ein zweiter Begriff, in dem gesellschaftliche und religiöse Phä-
nomene eine Formgleichheit offenbaren – so daß die soziale Gestaltung zur religiösen Färbung disponiert, die religiöse sich als das
Symbol und Verabsolutierung jener darbietet –, ist: Einheit. Die
verwirrende Masse der Dinge, aus der nur hier und da ein kausal
verbundenes Erscheinungspaar auftaucht, gibt primitiveren Epochen eigentlich nur *eine* Gelegenheit, ein Vielfaches als Einheitliches
zu empfinden, nämlich die soziale Gruppe. An einem doppelten
Gegensatz muß sich das Einheitsbewußtsein derselben entwickeln.
Zunächst an der feindseligen Abgrenzung gegen andere Gruppen.
Die gemeinsame Defensive und Offensive gegen den Konkurrenten
und den Lebensspielraum ist eines der nachdrücklichsten Mittel,
das Zusammengehören der Gruppenelemente zu realisieren und
ihnen einzuprägen. Die Einheit entsteht sehr häufig, zum mindesten
für das Bewußtsein, nicht von innen her, sondern durch den Druck
von außen, durch die praktische Notwendigkeit dieser Bewäh-
rungsform, zum großen Teil auch durch die in Taten erwiesene

Vorstellung außerhalb stehender Instanzen, daß dieser Komplex von Wesen eben ein einheitlicher sei. Und ferner ist es das Verhalten der Gruppe zu ihren individuellen Elementen, das sie als Einheit charakterisiert. Gerade weil jene getrennt und für sich beweglich, weil sie in gewissem Maße frei und selbstverantwortlich sind, wird das aus ihnen zusammengewachsene Gebilde als Einheit bewußt werden. Gerade weil der Einzelne fühlt, daß er etwas für sich ist, muß die vereinheitlichende Kraft, die ihn mit anderen zusammenschweißt, sich um so schärfer markieren: sei es, daß er in der Hingabe daran das Gesamtleben seine Existenz durchkreisen fühlt, sei es, daß er, in der Opposition dagegen, das Ganze sich als Partei gegenüber sieht. Daß die Freiheit des Individuums sich der Einheit des Ganzen zu entziehen trachtet, daß sie sich auch bei den engsten und naivsten Bildungen nicht so selbstverständlich durchsetzt wie die Einheit eines Organismus in seinen Bestandteilen, – gerade dies muß sie in das Bewußtsein emporgetrieben haben, als eine besondere Form oder Energie des Daseins. Wenn primitive Vereinigungen so oft als Zehntschaften organisiert sind, so deutet dies vernehmlich an, daß das Verhältnis der Gruppenelemente dem der Finger gleicht: eine relative Freiheit und selbständige Beweglichkeit des einzelnen, der dennoch mit den anderen in einer Einheit des Zusammenwirkens und Untrennbarkeit der Existenz verbunden ist. Indem alles soziale Leben Wechselwirkung ist, ist es eben damit Einheit; denn was anders heißt Einheit, als daß das Viele gegenseitig verbunden sei und das Schicksal jedes Elementes kein anderes unberührt lasse.

Die Synthese zur Gruppe ist das Prototyp der gefühlten, bewußten Einheit – jenseits der der Persönlichkeit –, und ihre eigentümliche Form spiegelt oder sublimiert sich in der religiösen, durch die Gottesbegriffe zusammengehaltenen Einheit des Daseins. Zu diesem Zusammenhang leitet zunächst die Betrachtung der religiösen Gruppierung über. Daß es in frühen Kulturen (einschließlich der sogenannten Unkultur) überhaupt keine Gruppierung dauernder und organischer Art gibt, die nicht Kultgemeinschaft wäre, ist bekannt genug. Noch in der römischen Kaiserzeit, in der ein starker Genossenschaftstrieb unzählige Gilden erzeugte, ist es bezeichnend, daß eine jede von diesen ein eigenes religiöses Cachet gehabt zu haben scheint. Mochte sie von Kaufleuten oder Schauspielern, von

Sänftenträgern oder Ärzten gebildet sein, sie stellt sich unter den Schutz einer besonderen Gottheit oder hat einen »Genius«, sie besitzt ein Templum oder wenigstens einen Altar. Nicht das einzelne Mitglied, sondern die Gruppe als solche steht unter einem bestimmten Gott, und dieses eben weist darauf hin, daß es ihre *Einheit* ist, die sich in dem Gott ausspricht, das, was über die Individuen hinübergreifend sie zusammenhält. Der Gott ist sozusagen der Name für die soziologische Einheit, die, weil und insofern sie sub specie religionis empfunden wurde, an und für sich die spezifische Reaktion der Frömmigkeitsstimmung hervorrief. Die Einheitlichkeit der Gruppe drückte sich darin aus, daß in den alten Religionen das Interesse des Gottes im Allgemeinen und Letzten nur den Angelegenheiten der Gemeinschaft galt. Nun mochte der Einzelne für seine Privatinteressen dämonische Mächte durch Zauberei anrufen; aber dies war vielfach offiziell unerlaubt, weil das Individuum nicht auf eventuelle Kosten der Gemeinschaft, sondern nur innerhalb ihrer Einheit Hilfe suchen sollte. Nicht weniger bedeutsam ist die Rolle, die in dem frühen Christentum gerade diese soziologische *Einheit* spielt. Ihre Wertschätzung steigert sich bis zum Übergewicht über die inhaltlich religiösen Werte. Als im 3. Jahrhundert die heftige Kontroverse entstand, ob die in den Verfolgungen abgefallenen Christen wieder aufgenommen werden sollten, und der Bischof von Rom dies begünstigte, wählte die strengere Partei dort für sich einen Bischof, gegen dessen Qualifikation nichts einzuwenden war; auch war nicht zweifelhaft, daß die religiöse Konsequenz, die innere Reinheit der Kirche forderte, die Abtrünnigen auszuschließen oder wenigstens den rigoroser Gesonnenen die Möglichkeit, unter sich zu bleiben, zu gestatten. Cyprian indes setzte es doch durch, daß die Wahl jenes Bischofs für ungültig erklärt wurde, weil die Forderung der *Einheit* als das schlechthin vitale Interesse der Kirche empfunden wurde. Diese Einheitsform hatte das Christentum von dem Genossenschaftsgeist übernommen, der die römische Kaiserzeit, besonders die spätere, beherrschte. Die allerursprünglichste Einheit unter allen Christen: durch die Gemeinsamkeit der Liebe, des Glaubens und der Hoffnung eines jeden – war doch eigentlich mehr ein Nebeneinander gleichgestimmter Seelen als ein organisches Miteinander, dessen Form sie vielmehr erst von der umgebenden Heidenwelt entlehnten und nun zu einer dort ungekannten Kraft und Vertiefung steigerten. Freilich wurde das christliche Einheitsmotiv vielleicht noch von einer ganz anderen Seite unterstützt: von der Art der *Persönlichkeit* des neuen Gottes. Im Altertum war die Persönlichkeit der Götter eine kleinmenschliche, im Prinzip nicht über das Partielle und Fragmentarische der irdischen Personen hinausreichend. Wo dies als unzulänglich und der Gott als allumfassend und übermenschlich empfunden wurde, dachte man ihn sogleich pantheistisch, d. h. ohne Persönlichkeit. Das Christentum erst schuf den allumfassenden Gott, der doch zugleich Persönlichkeit war und die vereinheitlichende Kraft dieser Form gerade an der unbedingten Weite seines Seins und Wirkens herausstellte. Hier begegnet zuerst die Synthese: daß das wirklich Übermenschliche doch persönlich war – gerade wie die »Gesellschaft«, die Gruppe, dasjenige Gebilde ist, das überindividuell und doch nicht abstrakt, sondern durchaus konkret ist. Ich möchte glauben, daß diese Einheit des höchsten Begriffs – die wegen ihrer Persönlichkeitsform und deshalb ihrer Lebendigkeit unendlich viel beeindruckender und wirkungsvoller sein mußte, als selbst das »Eine« des Neuplatonismus – für das Einheitsbewußtsein der Kirche ein entschiedener Halt gewesen ist. Allein es scheint auch umgekehrt (aber dem nicht widersprechend) gerade die feste soziologische Gestaltung gewesen zu sein, durch die die Kirche in dem Zusammenbruch der antiken Welt den Wert eines Absoluten, eines Haltes vom Überweltlichen her, ja des unmittelbar Göttlichen erhielt. In der Heilslehre des Christentums lag an und für sich kein Grund vor, weshalb nicht eine Anzahl soziologisch voneinander unabhängiger, nur durch den gleichen Lehr- und Gesinnungsgehalt zusammengehaltener Gemeinden bestehen sollte. Allein offenbar wurde die Kraft dieses Geistes sehr bald als unwirksam empfunden, wenn sie sich nicht als eine sozial-organisatorische Einheit darstellte. Diese war aber nicht etwa nur ein technisches Mittel, um Bestand und Macht der neuen Religion äußerlich zu garantieren, sondern sie war die mystische *Wirklichkeit des Heiles selbst*. Vermöge ihrer allumschließenden Einheitsform erschien die Kirche als die Realisierung des Gottesreiches, das Jesus verkündet hatte, als die »Stadt Gottes« wird sie gepriesen, als die Arche Noahs, die in sich die gerettete Gemeinde der heiligen Seelen einschließt, als »der Leib Christi«. Nirgends vielleicht ist der Prozeß, dessen Herausstellung diese Blätter dienen sollen, so deutlich sichtbar. Die rein empirisch-soziale, historisch übernommene Einheitsform wird von der religiösen Stimmung aufgenommen und offenbart sich damit von sich aus als das Gegenbild oder die mystische Wirklichkeit der transzendenten Einheitlichkeit, des rein religiösen Zusammengefaßtseins der Welt. Der spezifische Religionswert erscheint hier als Ursache und als Wirkung, jedenfalls ideell als der Ausdruck der soziologischen Wechselwirkungsform, die wir die Einheit der Gruppe nennen. Innerhalb eines unermeßlich verschiedenen Ideenkreises geht ein Hauptmotiv der Reformen Mohammeds auf den gleichen Zusammenhang hin. Es kam ihm darauf an, das Stammesprinzip zugunsten einer übergreifenden nationalen Einheit zu beseitigen. So verordnete er, daß, wenn ein Mord geschehen wäre, sich niemand, bei Todesstrafe, an die Stämme wenden solle, sondern an Gott allein. Verstanden aber war hier unter Gott: seine Vertreter, die zugleich die Vertreter des universalen Rechtes waren, gegenüber dem partikularistischen Fehde- und Blutrecht der Stämme. Der einheitliche Gott war also der metaphysische Zusammenhalt, von dem aus die empirische Zersplitterung überwunden werden sollte, das Symbol ebenso wie der rechtlich wirksame Träger der soziologischen Einheit.

Es ist hier besonders *ein*, dem Einheitsbegriff einwohnender Zug, der zu religiöser Ausgestaltung disponiert. Daß die Gruppe eine Einheit bildet, das wird insbesondere in primitiveren Epochen durch die *Kampf- und Konkurrenzlosigkeit* innerhalb derselben im Gegensatz zu ihrem Verhältnis zu außerhalb stehenden bewirkt oder markiert. Es gibt nun vielleicht kein Einzelgebiet, auf dem diese Existenzform des konkurrenzlosen Nebeneinander, die Verträglichkeit von Zielen und Interessen sich so rein und restlos darstellte wie auf dem religiösen, so, daß die Friedenseinheit des sonstigen Gruppenlebens dagegen als eine Vorstufe erscheint. Denn immerhin ist diese nur eine relative, immerhin gibt sie innerhalb der empirischen Gesellschaft der Bemühung Raum, Mitstrebende von dem gleichen Ziel auszuschließen, das Mißverhältnis zwischen Wünschen und Befriedigungen möglichst, wenn auch auf Kosten anderer, zu verbessern, zum mindesten in dem Unterschied gegen andere den Wertmaßstab eigenen Tuns und Genießens zu suchen. Fast allein auf religiösem Gebiet können die Energien der Einzelnen sich voll ausleben, ohne miteinander in Konkurrenz zu geraten, weil nach dem schönen Worte Jesu für alle Platz in Gottes Hause ist. Obgleich das Ziel allen gemeinsam ist, gewährt es doch allen die

Möglichkeit des Erreichens und hat nicht ein gegenseitiges Sich-Ausschließen, sondern im Gegenteil ein Sich-Aneinanderschließen zur Folge. Ich erinnere an die tiefsinnige Art, in der die Kommunion es zum Ausdruck bringt, daß die Religion ein für alle gleiches Ziel mit einem für alle gleichen Mittel erreichen will, ich erinnere vor allem an die Feste, die die Einheit aller in der gleichen religiösen Erregung Befaßten zur äußerlichsten Sichtbarkeit bringen, – von den rohen Festen primitiver Religionen, wo die Verschmelzung zur Einheit sich schließlich zur sexuellen Orgie aufzugipfeln pflegt, bis zu jenem reinsten und über die Einzelgruppe weit hinausreichenden Ruf des Pax hominibus. Das christliche Weihnachtsfest bringt die Friedensgemeinschaft, die die partikularistischen Religionen nur für das Innere der einzelnen Gruppen symbolisieren, zu einem im Prinzip universalistischen Ausdruck. Innerhalb jeder Gruppe herrscht die Kampflosigkeit in dem Maße, in dem deren einheitliche Lebensform von ihr abhängt, – welches Maß ein durchaus partielles und relatives ist; die auf die Gruppe beschränkte Religion gibt diesem internen Frieden eine von solchen Beschränkungen befreite, in den Festen zu Worte kommende Gestaltung. Die christlichen Feste erweitern dieses Friedensmotiv bis zu dem Gefühle des Einzelnen, in seiner Stimmung durch die gleiche der ganzen Christenheit getragen zu werden, die prinzipiell alle gruppenmäßigen Sonderzusammenfassungen durchbricht. Mag dies in der historischen Wirklichkeit auch nur sehr unvollkommen realisiert sein (wie auch Mohammed jenes erwähnte theistisch-universalistische Rechtsprinzip in Arabien selbst nur höchst dürftig durchsetzen konnte): seiner *Idee* nach leistet das christliche Fest das in sozial-psychologischer Hinsicht ganz Einzige, die Schranke absolut aufzuheben, welche sonst die Stimmung des Individuums an der Fremdheit oder Gegensätzlichkeit anderswo existierender Stimmungen findet. Das Sozialprinzip der Kampflosigkeit überschreitet damit jenen soziologisch internen Charakter und gewinnt in der Stimmung dieser religiösen Feste sein positives und universalistisches Symbol. – Schon in den jüdischen wie in den frühesten christlichen Gemeinden wird darauf gehalten, daß Streitigkeiten zwischen den Genossen vor der Gemeinde oder von ihr bestellten Schiedsrichtern ausgetragen würden. Paulus macht auf den Widerspruch aufmerksam, die Heiden, die man verachte, als Richter anzuerkennen. Die religiöse Gemeinde erscheint hier nach der Seite des Friedens hin als die Steigerung der

inneren Gruppeneinheit überhaupt, die Religion ist sozusagen der
Friede in Substanz, jene zu *einer* Idee geronnene Form des Gruppenlebens, die wir Friedlichkeit nennen. Kollisionen mochten zwischen
den Gläubigen als Privatpersonen, als Wirtschaftenden, als Gewalt-
tätigen entstehen, – zwischen ihnen als Teilhabern an dem gleichen
religiösen Gute aber konnte es nur Frieden geben, und deshalb war
die soziale Darstellung dieses Gutes, die Gemeinde, auch die sozusagen logisch indizierte Instanz, die alle jene Konflikte in sich zum
Frieden führt. Die Vereinheitlichung und Versöhntheit, die von der
Religion her über das Weltbild strahlt, symbolisiert sich darin, daß
der Burgfriede, wie er in irgend einem Maße die Innerlichkeit jeder
Gruppe beherrscht, sich in der religiösen Gruppe auf sein Maxi-
mum hebt. Diese bildet gewissermaßen die Überleitung, durch die
die soziologische Einheitsform – soweit das sie tragende Leben
überhaupt funktionell religiös ist – in die absolute Einheit der Got-
tesidee übergeht. Diese Skala hat noch eine Stufe, die die vorchrist-
lichen Epochen vielfach charakterisiert. In ihnen nämlich steht die
Gottheit dem Einzelnen und seinem Kreise nicht *gegenüber*, sondern
sie ist in den letzteren einbezogen, ist ein Element der Lebenstotali-
tät, auf die das Individuum angewiesen ist. Im alten Judentum z. B.
nimmt der Gott gelegentlich des Schlachtopfers am Schmause teil,
es ist nicht nur die Entrichtung eines Tributes. Allenthalben besteht
ein Verwandtschaftsverhältnis zwischen dem Gott und seinen Verehrern. Und überall, wo er als Stammvater, wo er als König auftritt,
ja, wo er der Gott eben *dieses* Stammes, eben *dieser* Stadt ist, während andere, in ihrer Existenz ebensowenig bezweifelte Götter anderen Gruppen eigen sind, – überall da ist der Gott das oberste
Mitglied des Gemeinwesens. Er lebt innerhalb der sozialen Einheit
und ist zugleich der Ausdruck derselben, – als solcher freilich dem
einzelnen Individuum gegenüberstehend, aber nicht anders, als
auch der pater familias, in dem die Familie sich zusammenfaßt,
oder der Fürst seinen Untertanen, deren Summe er repräsentiert.
Die eigentümlich komplizierte soziologische Stellung solcher Elemente: Glieder eines Kreises zu sein, der sich zu ihnen aufgipfelt
und sie mit allen anderen Gliedern desselben in eine Einheit befaßt,
dieser Einheit aber doch in gewissem Sinne als selbständige und
aufwiegende Macht gegenüberzustehen, – ist die Stellung der Gottheit. Darum konnte man, insbesondere auf religiöse Tatsachen im
alten Semitentum hin, aussprechen – wie ich glaube, mit Recht –,

daß ein übernatürliches Wesen noch kein Gott sei. Die Phantastik primitiver Völker läßt sich leicht zur Schaffung dämonischer Realitäten erregen. Ein solches Wesen hat zunächst sozusagen nur eine Existenz *für sich*. Zum Gotte wird es, indem es einen Kreis von Verehrern um sich sammelt; ebenso wie umgekehrt ein Gott zum bloßen Dämon werden kann, wenn er seine Anhänger verliert. Erst indem sich eine irgendwie geregelte Beziehung zu einer Gemeinschaft entwickelt – ihren Formtypus gerade der bloß menschlichen Gemeinschaft entnehmend, der sie sich überbaut – wird aus dem bloß daseienden dämonischen Wesen der für den Menschen lebendige und wirksame *Gott*. Darum hat der Gott den Charakter, der in die jeweilige Form der Gesellschaft in diesem Sinne einbeziehbar ist. Solange das semitische Gemeinwesen auf der Stammesverwandtschaft ruhte, war er bei Juden, Phöniziern, Kanaaniten der Vater und die Gläubigen seine Kinder; wo es aber eine politische Einung verschiedener Stämme wurde, mußte der Gott den Charakter des Königs tragen, weil er jetzt nur aus viel größerer Distanz her, als ein viel abstrakteres Gebilde innerhalb des Ganzen stehen und dieses Innerhalb, sozusagen technisch, sich als ein Über gestalten konnte.

Aber auch wenn der Ton ganz auf das Über fällt, so wird damit die vitale Beziehung zur Form der Gruppe nicht abgebrochen. In Griechenland und Rom, wo das Königtum früh der Aristokratie unterlag, behauptete sich auch eine aristokratische Verfassung des Religiösen, eine Vielheit gleichberechtigter Götter und eine Hierarchie derselben – das reine, abgelöste, von dem Stoff wirtschaftlicher, stammesmäßiger, politischer Interessen befreite Bild der bloßen Form, in der die Gruppeneinheit lebt. In Asien dagegen, wo das Königtum sich viel länger behauptet hat, tendiert die Religionsbildung auf eine monarchische Machtstellung des Gottes. Ja, die bloße Stärke der Stammeseinheit, die bei den alten Arabern das soziale Leben beherrscht, hat in sich den Monotheismus präformiert. Und sogar die Vereinheitlichung, die sich über der Differenzierung der Geschlechter erhebt, bildet einen besonderen religiösen Typus. Das psychologische Verwischen der Geschlechtsgegensätze, das im sozialen Leben der Syrer, Assyrer und Lyder bedeutsam auftrat, vollendete sich in der Vorstellung von Gottheiten, die diese Gegensätze in sich einheitlich zusammenfaßten: der halb männlichen Astarte, des mannweiblichen Sandon, des Sonnengottes Melkarth, der mit der Mondgöttin die Symbole des Geschlechts austauscht. Es handelt sich hier nicht um den trivialen Satz, daß sich der Mensch in seinen Göttern malt, der in seiner Allgemeinheit nicht erst eines Beweises bedarf. Es gilt vielmehr zu erkennen, daß die Götter nicht nur in einer Idealisierung individueller Eigenschaften, der Kraft, der sittlichen oder auch unsittlichen Charakterzüge, der Neigungen und Bedürfnisse der Einzelnen bestehen, sondern daß die interindividuellen Formen des sozialen Lebens vielfach den religiösen Vorstellungen ihren Inhalt geben. Der religiöse Trieb, auch diese Wirklichkeit durchflutend, entreißt ihr, was der Wirklichkeit entreißbar ist: ihre Form, und trägt sie in das transzendente Reich, das ebenso sein Ort ist, wie der empirische Raum der Ort unserer äußeren Sinnlichkeit ist. Man mag dies auch so ausdrücken, daß die soziale Einheitsbildung eine religiöse Reaktion hervorruft; denn in jener weisen Kräfte und Gestaltungen über die unmittelbare Sinnenexistenz des Individuums hinaus und haben oft genug zu mystischer Deutung alles sozial-überindividuellen Lebens verlockt; jedenfalls führen sie dieses Leben auf die Punkte unserer inneren Zusammenhänge hin, an denen es gerade jene religiöse Reaktion auslösen kann – was natürlich historisch in dem Maß eher geschehen wird, in dem diese Zusammenhänge noch nicht durch Differenzierungen und Verselbständigung der Elemente gelockert und auseinandergetrieben sind. –

Das oben akzentuierte Verhältnis eines gleichzeitigen Drinnen und Draußen in der Gesellschaft gilt keineswegs nur für den Fürsten, sondern für jedes Mitglied derselben überhaupt; und wie die soziologische Grundform dort den Gott präformiert, so eben dieselbe hier den Gläubigen. Was vorhin schon berührt wurde: daß die gliedmäßige Zugehörigkeit des Individuums zu seiner Gruppe immer irgend eine Mischung von zwangsmäßiger Bestimmtheit und persönlicher Freiheit bedeute, muß sich nun als die tiefste Formbeziehung zwischen sozialem und religiösem Leben enthüllen.

Das eigentliche praktische Problem der Gesellschaft liegt in dem Verhältnis, das ihre Kräfte und Formen zu dem Eigenleben ihrer Individuen besitzen. Gewiß lebt die Gesellschaft nur an den Individuen. Allein dies schließt eine Vielheit von Konflikten zwischen beiden keineswegs aus. Einerseits, weil das Sondergebilde »Gesellschaft«, in das die Individuen ihre sozialen Elemente hineingegeben haben, eigene Träger und Organe gewinnt, die dem einzelnen mit Forderungen und Exekutiven wie eine ihm fremde Partei gegenübertreten; und andrerseits ist der Konflikt gerade dadurch nahegelegt, daß in und an dem Einzelnen die Gesellschaft als ganze sozusagen vertreten ist. Denn die Fähigkeit des Menschen, sich selbst in Parteien zu zerlegen und irgend einen Teil von sich als sein eigentliches Selbst zu empfinden, das mit andern Teilen kollidiert und um die Bestimmung seines Handelns kämpft, – diese Fähigkeit setzt den Menschen, insoweit er Sozialwesen ist, sich als Sozialwesen fühlt, in ein oft gegensätzliches Verhältnis zu den durch seinen Gesellschaftscharakter nicht ergriffenen Impulsen und Interessen seines Ich: der Konflikt zwischen der Gesellschaft und dem Individuum setzt sich in das Individuum selbst als der Kampf seiner Wesensteile fort. Die umfassendste und tiefstgreifende Kollision zwischen der Gesellschaft und dem Individuum scheint mir nicht auf einen einzelnen Interesseninhalt zu gehen, sondern auf die allgemeine Form des Einzellebens. Die Gesellschaft will eine Ganzheit und organische Einheit sein, so daß jedes ihrer Individuen nur ein Glied ist; in die spezielle Funktion, die es als solches zu üben hat, soll es womöglich seine gesamten Kräfte gießen, soll sich umformen, bis es ganz zum geeignetsten Träger dieser Funktion geworden ist. Allein gegen diese Rolle sträubt sich der Einheits- und Ganzheitstrieb, den das Individuum für sich allein hat. Es will in sich abgerundet sein und nicht nur die Gesellschaft abrunden helfen, es will die Gesamtheit seiner Fähigkeiten entfalten, gleichviel, welche Verschiebungen unter ihnen das Interesse der Gesellschaft forderte. Das ist ja wohl der wesentliche Sinn der Freiheitsforderung des Individuums gegenüber den sozialen Bindungen. Denn nicht darum kann sich jene Freiheit drehen, daß überhaupt etwas Willkürliches, von gesellschaftlicher Determinierung Unabhängiges geschehe. Sondern sie hat den Sinn der vollen Selbstverantwortung, die wir begehren, und die wir nur besitzen, sobald unser einzelnes Tun der reine Ausdruck unserer Persönlichkeit ist, sobald unser Ich, von keiner Instanz außerhalb seiner präjudiziert, in diesem Tun zu Worte kommt. Wir begehren, daß die Peripherie unserer Existenz von ihrem Zentrum her und nicht von den äußeren Mächten bestimmt sei, in die sie verflochten ist, und die sich freilich in uns in innerlich eigene Impulse umsetzen; aber dabei fühlen wir oft genug, daß sie doch nicht zugleich aus dem Ich herauswachsen. Die Freiheit des Einzelnen, die ihn wirklich für sein Tun verantwortlich macht, bedeutet, daß er mit allem seinem Handeln jenes in sich zusammenhängende organische Ganze sei, das sich dem Anspruch eines höheren Ganzen, ihn als Glied einzuschließen und abhängig zu machen, prinzipiell widersetzt. Wenn sich die Freiheit des Menschen so seiner Einordnung in die sozialen Mächte als Forderung gegen Forderung entgegenstellt, so scheint sich eben dies Problem in der religiösen Welt aus einer Rechtsfrage in eine Tatsachenfrage zu verwandeln. Es ist die Frage, die in den Tiefen aller Religion beschlossen liegt, so unentwickelt und unbewußt, so gebunden und fragmentarisch sie auch bleiben mag: ob der göttliche Wille, von dem der Weltprozeß absolut abhängig ist, auch den Menschen so bestimmt, daß er weder Freiheit noch Verantwortung besitzt, – oder ob uns Gott gegenüber eine Selbständigkeit des inneren Wesens zukommt, die uns jenes beides gewährt, aber uns aus dem vollen Umfaßtsein durch die göttliche Macht, gegen deren Begriff eigentlich inkonsequent, ausscheidet. Nur scheinbar ist dies durch logische Überlegungen oder durch Ableitung aus der Offenbarung zu beantworten; in Wirklichkeit ist es das *Verlangen* des Menschen, auch der höchsten Instanz des Daseins gegenüber auf sich selbst zu stehen und den Sinn seines Lebens in sich allein zu finden, – das hier mit dem anderen Verlangen kollidiert, in den göttlichen Weltplan einbezogen zu sein und aus dessen Größe und Schönheit einen Wert auf sich überzuleiten, mit dem uns nur eine selbstlose Hingabe und gliedmäßige Einfügung in ihn belohnen kann. Die Würde der individuellen Freiheit, die Kraft oder der Trotz der Selbstverantwortlichkeit, die die vollen Folgen auch der Sünde auf sich nehmen will, kollidiert mit der Entlastung des Ich durch die göttliche Übermacht, mit der Bequemlichkeit oder auch dem ekstatischen Hinschmelzen in das Bewußtsein, ein Glied eines absoluten Ganzen und von seinen Kräften, seinem Sinne unbedingt getragen und durchströmt zu sein. Es liegt auf der Hand, wie das Lebensgefühl des Ich hier in Hinsicht der sozialen wie der religiösen Frage vor dem gleichen Problem steht; wie dies nur zwei Formungen, Einkleidungen eines Dualismus sind, der unsere Seele und unser Schicksal von ihrem letzten Wurzelpunkte her bestimmt.

Hat dies Verhältnis, als zwischen dem Teil und dem Ganzen spielend, einen gewissermaßen substantiellen Charakter, so läßt es sich vielleicht reiner funktionell so ausdrücken. An allen im weitesten Sinne soziologischen Beziehungen des Individuums, so einseitig ihr Inhalt und so einheitlich ihre Form sei, lassen sich ein Quantum Bindung und ein Quantum Freiheit aufweisen. Auch dem unbarmherzigsten Zwang gegenüber hängt die Bewahrung unsrer Freiheit immer nur davon ab, welchen Preis wir für sie bezahlen wollen, und in der äußersten Freiheit hängt das Bewußtsein dennoch vorhandener Bindung nur davon ab, bis zu welcher Tiefe wir die wirkliche Struktur des Verhältnisses durchschauen. Indes möchten Freiheit und Bindung hier wohl nur Kategorien sein, in deren wechselnde Quanten wir die unmittelbar nicht bezeichenbare Art eines Verhältnisses erst zerlegen, um sie nachher wieder aus ihnen zusammenzusetzen – wie problematisch auch alle Maßbestimmungen selbst für diese seien. Aber dieses, wenn auch nur symbolische, Sich-Verschlingen von Freiheit und Bindung ist eine der soziologischen Formungen, die zur Aufnahme und Ausgestaltung der an sich formlosen, bloß daseienden religiösen Grundbeschaffenheit wie vorgebildet sind. Denn in dieser Beschaffenheit scheint mir, bei genauem Hinhören, ein Zusammenklang von Freiheit und Bindung zu bestehen; dieses beides hier gar nicht als Beziehungsarten zu realen Instanzen gemeint, sondern als ein rein inneres Gespannt- und Entspanntsein der Seele, ein Schweben zwischen grenzenlosem Sich-Erweitern und Gepreßtheit des Lebens, das sich nirgendwohin entladen kann, ein logisch gar nicht zu deutendes Zusammen von Macht und Ohnmacht. Diese Einheit, die noch gar keine Andersheit kennt, diese in sich beschlossene Zuständlichkeit des religiösen Seins findet nun in der Zweiheit und Verschlungenheit von Freisein und Gebundensein, wie die Empirie menschlicher Beziehungen sie zeigt, eine Gestaltungsmöglichkeit; mit diesen Worten löst sich ihre Zunge, seien es auch Worte einer fremden Sprache, in der sie sich aber immerhin ausdrücken kann. In die Kategorien von Freiheit und Bindung, die sie gleichsam vorgeahnt hat, kann ihre Strömung sich ergießen und sich mit ihnen ein Verhältnis zum Absoluten schaffen, zu dem sie sich nicht hinzutasten wüßte, fände sie solche, ihre Form hergebenden Inhalte nicht vor. –

Kommen wir nun wieder auf jene Konfliktsform von Freiheit und Bindung zurück: daß das Individuum ein Ganzes zu sein begehrt und das übergreifende Ganze ihm nur die Gliedstellung einräumen will, so ist, rein begrifflich angesehen, eine Lösung hier wohl möglich: eine Struktur des Ganzen, die gerade auf die Selbständigkeit und geschlossene Einheit seiner Elemente angelegt ist, sich gerade mit dieser erst vollendet. Der Widerstreit wäre danach kein logischer, dessen Seiten sich a priori ausschlössen, sondern ein bloß tatsächlicher, der sich durch Umformung der Elemente, ohne sie in ihrem Wesen zu verändern, beilegen ließe. In dem soziologischen Falle ist dies mindestens als die ideale Verfassung denkbar, der sich die tatsächlichen ins Unendliche annähern. Die vollendete Gesellschaft wäre die, die sich aus vollendeten Individuen zusammensetzt. Die Gesellschaft lebt ein Leben für sich in einem eigentümlichen Mischzustande von Abstraktheit und Konkretheit, und jedes Individuum gibt gewisse Seiten und Kräfte seiner selbst in sie hinein, sie erwächst aus den Beiträgen der einzelnen, die jenseits dieser ihr Dasein zu Sondergestalten formen oder zu formen streben. Nun aber ließe sich eben denken, daß jenes überindividuelle Gesamtsein so eingerichtet wäre, daß es nur von in sich abgerundeten, harmonisch in sich zentrierenden Individuen die ihm günstigsten Beiträge gewinnt. Vielleicht würde damit jenes Sonderleben des Ganzen, das sich über die Einzelnen erhebt und durch diese Trennung und Autonomie den Konflikt zwischen *seiner* Form und der der einzelnen Existenzen veranlaßt, sich wieder zu den letzteren herabsenken. Daß der Staat oder eine Gesellschaftseinheit überhaupt eigene Lebensbedingungen und -entwicklungen ausbildet, in abstrakter Höhe und Gleichgültigkeit gegen das Individualleben der Mitglieder, diese damit zu Leistungen zwingend und in Existenzformen hineinpressend, die zu dem Gesetz ihres eigenen Wesens schlechthin keine Beziehung haben, – dies mag zwar eine abstrakte Großartigkeit besitzen, dennoch aber als eine Vorläufigkeit erscheinen, in der aus der Not eine Tugend gemacht wird. Demgegenüber mag es eine Utopie sein, aber keineswegs eine Undenkbarkeit, daß eine geschlossene, einheitliche Gesamtheit aus gesellschaftlichen Elementen erwächst, die selbst die volle Abrundung in sich befriedigter, in ihrem Eigenrahmen harmonisch wachsender Existenzen zeigen. In der unterseelischen Welt erscheint dies als Widerspruch: kein Haus kann aus Häusern bestehen, kein Baum aus Bäumen. Wenn aber in der organischen Natur doch schon eine Milderung dieses Widerspruchs stattfindet, indem die Zelle eines Organismus eine Art Eigenleben führt, die dem Leben des Ganzen irgendwie analog ist, – so mag der Seele auch hier zum mindesten prinzipiell das sonst Unmögliche gelingen: ein Ganzes zu sein und doch das Glied eines Ganzen, in voller individueller Freiheit eine überindividuelle Ordnung bilden zu helfen. In dem religiösen Falle aber liegt es doch wohl anders. Die Gesellschaft hat schließlich nur ein Interesse an inhaltlich bestimmten Beschaffenheiten und Handlungen ihrer Mitglieder, und wenn diese der Einheit und Vollkommenheit ihrer Existenz dienen, kann sie nichts dagegen haben, daß sie außerdem für das Subjekt selbst eine freie, harmonisch ausgelebte Ganzheitsexistenz ergeben. Gott gegenüber aber handelt es sich nicht mehr um einzelne Inhalte, nicht bloß um Übereinstimmung oder Opposition unseres Handelns gegenüber seinem Willen, sondern um das Prinzip der Freiheit und des Fürsichseins überhaupt und in seiner rein inneren Bedeutung. Hier ist die Frage, ob der Mensch überhaupt für sich verantwortlich ist oder ob Gott durch ihn wie durch ein selbstloses Organ hindurch wirkt, ob der auf das eigene Zentrum als Endzweck bezogene Wille religiös zu rechtfertigen ist – auch wenn er inhaltlich von dem göttlichen Willen nicht abweicht –, oder ob nicht die Einordnung in den göttlichen Weltplan, die inhaltlich mit der Selbstgenügsamkeit des Individuums harmonieren mag, das alleinige Motiv des Lebens sein darf und diesem deshalb jede mit sich selbst abschließende Gestaltung, jede Organisierung in einer autonomen Form prinzipiell versagt ist. Offenbar stellt auch hier das Verhältnis in der religiösen Ordnung die Steigerung und Verabsolutierung des sozialen dar. Der Konflikt zwischen dem Ganzen und dem Teil, der selbst ein Ganzes sein will, zwischen der Freiheit des Elementes und seinem Umfaßtsein durch eine höhere Einheit ist innerhalb der Gesellschaft schließlich nur ein äußerlicher und sozusagen höchstens technisch unlösbarer; dem göttlichen, die Welt erfüllenden Sein gegenüber aber wird er ein prinzipieller, innerlicher, und von seiner Wurzel her ein unversöhnlicher Widerspruch.

Ich verfolge diesen Typus des Verhältnisses zwischen sozialem und religiösem Wesen noch nach einer spezielleren Seite hin. Die Gesellschaft drängt im Maße ihrer Entwicklung ihre Individuen zur Arbeitsteilung. Je verschiedener ihre Leistungen untereinander sind, desto dringender bedarf der eine des anderen, desto fester wird die Einheitlichkeit, die sie durch den Austausch der Produkte, durch die Wechselwirksamkeit in der Befriedigung der Interessen, durch die Ergänzung der personalen Wesensarten erreicht. Die Berechtigung, in der Lebenseinheit des Organismus ein Gleichnis der Gesellschaft zu sehen, beruht auf ihrer Arbeitsteilung – in ganz allgemeinem, keineswegs nur wirtschaftlichem Sinn –, auf den Sonderfunktionen der Elemente, durch die sie sich gleichsam ineinander verhaken, eines die Stelle ausfüllt, die das andere leer läßt, eines sich der Bedürfnisbefriedigung der anderen widmen kann, weil die anderen für die Befriedigung *seiner* Bedürfnisse sorgen. Die Arbeitsteilung ist das Korrektiv der Konkurrenz: diese die gegenseitige Verdrängung der Individuen, weil sie eine gleichartige Betätigung für Ziele einsetzen, die nicht allen Raum geben, die Arbeitsteilung dagegen ein gegenseitiges Ausweichen und gleichzeitiges Ergänzen, weil jeder eine andere Bewährung als der andere sucht und sich auf einem von dem anderen nicht okkupierten Gebiet anbaut; sie schließt die gesellschaftliche Einheit in demselben Maße, in dem die Konkurrenz sie spaltet. Allein der freiere Spielraum und die eigenartigere Entwicklung, die sie dem Individuum gewährt, droht in Verengerung und Verkümmerung umzuschlagen, sobald sie mit dem ihr antagonistischen Prinzip der Konkurrenz zusammenwirkt, wie es innerhalb der modernen Kulturentwicklung mehr und mehr geschieht. Die Arbeitsteilung ist nämlich in der weit überwiegenden Zahl aller Fälle doch nur eine Differenzierung der Mittel und Wege zu einem Ziel, das den Arbeitenden dennoch gemeinsam ist: die Gunst des Publikums, der Anteil an verfügbaren Gütern und Genüssen, der Gewinn überragender Stellung, Macht und Ruhm. Diese allgemeinsten Werte bleiben der Konkurrenz ausgesetzt. Die Arbeitsteilung weiß in der Regel die Konkurrenz nicht durch neue letzte Ziele definitiv herabzusetzen, sondern nur durch Umwege momentan abzuleiten. Dazu kommt, daß mit steigender Intensität der Bevölkerungen und der Bedürfnisse jede neu kreierte Besonderheit der Leistung sogleich von einer Vielheit von Mitbewerbern aufgenommen wird, so daß gerade der Punkt, von dem aus die Konkurrenz sich lösen sollte, zum Zentrum einer weiteren wird. Indem nun das Spiel hier von neuem beginnt, d. h. die nachdrängende Konkurrenz zu immer feinerer Arbeitsteilung treibt, entsteht die Vereinseitigung des Individuums, die Ausschließlichkeit ganz spezialistischer Betätigung, die Verkümmerung aller, dieser Einseitigkeit nicht dienstbaren Energien, – die der Schaden aller sehr komplizierten Kulturen ist; diese erst begründet das oben geschilderte Verhältnis: daß das Interesse und das Leben der Gesellschaft den Einzelnen in eine Teilexistenz hineinpreßt, die dem Ideal seines Eigenwesens, der Ausbildung einer harmonischen, allseitig gerundeten Ganzheit völlig widerspricht. Die Arbeitsteilung in ihrer Zuspitzung durch die endlos wachsende Konkurrenz enthüllt sich als die Form, die der inneren Verwebung und organischen Einheit der Gesellschaft und der Befriedigung ihrer Bedürfnisse vollendet dient, aber ihre Vollendung mit der Unvollendetheit des Individuums erkauft, mit der widernatürlichen Einzwängung seiner Kräfte in eine spezialistische Betätigung, die unzählige Möglichkeiten dieser Kräfte verkümmern läßt.

In sehr eigentümlichen Brechungswinkeln nun reflektiert die religiöse Ebene diese Verhaltungsweise des Einzelnen zu dem höheren Ganzen. Wird Religion ihrem tiefsten subjektiven Zwecke nach genommen: als der Weg zum Heil der Seele, so strahlt sie eine Gleichheit über die Seelen aus, die in der unmittelbaren Verbindung einer jeden mit dem Absoluten besteht; ihre Gemeinsamkeit, Zusammengehörigkeit entstammt dieser Gleichheit, nicht aber einer Verschiedenheit, die erst durch gegenseitige Ergänzung einen gemeinsamen Zweck erreichte. Wo eine Vielheit von Gläubigen »zu Gott schreit«, ist, solange zwischen einem jeden und seinem Gott ein unmittelbares Verhältnis besteht, gleichsam nur die physische Verstärkung des Gebetes das Wirksame; es entsteht nicht ein neues Gebilde aus den vielen, das einen sonst ungangbaren Weg zu Gottes Ohre einschlüge, sondern nur eine Summe, deren Quantum den Gott eher beeindrucken mag als die verhallende Stimme des einzelnen. Dieser Typus religiöser Beziehungen lehnt jede prinzipielle Differenzierung ab; die Vollendung des Ganzen haftet nicht wie bei den vorhin erörterten Sozialerscheinungen an der verschiedenartigen, sondern gerade an der gleichartigen Betätigung der Individuen, die Vollendung eines jeden bedarf nicht der Ergänzung durch die des anderen. Der eigentliche Zusammenhang der Gläubigen wäre hier nur in dem Göttlichen selbst gegeben, in dem Maße nämlich, in dem jeder Einzelne ihm hingegeben und von ihm aufgenommen wäre. Im Christentum kommen nun, aus seinen letzten

Motiven heraus, besondere Verhältnisse der Personalität und der Zusammengehörigkeit auf. Es hat den großen Schritt getan: daß das ganz Persönliche der Innenwelt, das, worin jeder Mensch mit sich allein ist, die subjektive Seite alles Tuns – nun doch nichts Individualistisches, Solipsistisches mehr ist; sondern dadurch, daß sie sich in Gott mit allen anderen begegnet, daß sie vor das Forum der unsichtbaren Kirche gehört, wird sie aus der Vereinzelung in ein Verhältnis zu allen anderen gesetzt, sie ist nichts, was jeder nur mit sich selbst auszumachen hätte: eine spiritualistische Sozialisierung. Der Gedanke der unsichtbaren Kirche auf der einen Seite, die Geschwisterlichkeit der Christen untereinander, da doch Gott ihrer aller Vater ist, auf der anderen, ist der großartigste Versuch – so fragmentarisch die geschichtliche Entwicklung des Christentums ihn gelingen ließ – zu einer Einheit ohne das Mittel der Differenzierung zu gelangen. Die gerade nur so zu gewinnende Synthese von Persönlichkeitsgefühl und Solidarität hat vielleicht ihren tiefsten Ausdruck in der hier und da begegnenden Vorstellung: jeder Einzelne sei irgendwie für die Sünden aller anderen verantwortlich. Freilich ist eben diese auch der außerchristlichen Mystik nicht fremd. Allein hier scheint ihre Basis allenthalben die pantheistische zu sein, für die das Problem der Persönlichkeit von vornherein fortfällt – während mir diese Erscheinungen innerhalb des Christentums gerade ein vertieftes und mächtiges Persönlichkeitsgefühl anzuzeigen scheinen; ja vielleicht ein unbändiges, keine Schranken kennendes, das aber dem differenzierten Fürsich-Sein des Menschen völlig abgesagt hat. Gerade dieses ungeheure Motiv zeigt, daß jene innere »Sozialisierung« des Christentums keineswegs die Herdeneinheit eines mechanistischen Psycho-Kommunismus zu bedeuten braucht; daß vielmehr diese Einheit als eine *organische* bezeichnet werden muß, deren Besonderheit aber in dem Verzicht auf das Vereinheitlichungsmittel der physiologischen und der äußerlich sozialen Organisation: auf die Differenzierung – liegt.

Ich gehe nun hier auf eine Erscheinung entschiedenster Arbeitsteilung auf religiösem Gebiet nur nach einer Seite hin ein: auf das Priestertum. Der Buddhismus hat über die soziologische Entstehung desselben die klarsten Vorstellungen; die religiösen Funktionen, ursprünglich von jedem Einzelnen geübt, seien auf besondere Personen übergegangen, die sie für die anderen übernommen hätten, – gerade wie das Königtum dadurch entstanden sei, daß die Menschen, welche für erlittenes Unrecht ursprünglich Privatrache geübt hätten, jemanden eigens zu dem Behufe erwählt hätten, die Missetäter zu strafen, und ihm dafür einen Teil ihrer Ernte gegeben hätten. Bekanntlich hat das Christentum die im Prinzip gleiche Erscheinung gezeigt. Die Beamten der frühen christlichen Kirche standen mitten im bürgerlichen Leben, ihre Bischöfe und Presbyter trieben Bankgeschäfte und Viehzucht, waren Ärzte und Silberschmiede. Sie waren nur *Vorbilder*, die, eben weil man ihnen unmittelbar *nacheifern* sollte, insoweit mit der Gemeinde auf einem Niveau stehen mußten; aus ihr, in der ein jeder ein »Glied Christi« war, waren sie durchaus nicht als höhere, Gewalt habende Wesen herausdifferenziert. Erst als die Gemeinden erheblich anwuchsen und mit dieser Quantitätsänderung die Qualitäten der Mitglieder sich erheblich unterschieden, forderte die Organisation eine Zentralisierung, eine steigende Gewalt des obersten Beamten. Diese soziologische Notwendigkeit machte ihn schließlich zu einem Herrscher, dem gegenüber der Laie rechtlos und im religiösen Sinne hilflos war. Damit entstand ein ganz neuer Typus auch des innerlichen religiösen Lebens. Es ist wesentlich, sich das klarzumachen. Das religiöse Bedürfnis ist vorher und nachher das gleiche: der Gewinn des Heils. Welchen Körper aber diese religiöse Innerlichkeit sich formt, welche »Religion« als Gebilde aus ihr hervorgeht, zeigt sich durchaus von den soziologischen Möglichkeiten abhängig, die sie vorfindet. Sie erzeugt, in der nun fraglichen Richtung, nicht aus empirisch gegebenen Sozialformen, von ihnen gleichsam den Geist abdestillierend, das transzendente Gebilde, sondern schafft selbst ein soziologisches, das auf die seelische Verfassung des religiösen Wesens bestimmend zurückwirkt; die angedeuteten Unterschiede, die die gegebenen Umstände dieser soziologischen Struktur zumuten, spiegeln sich nun in Unterschieden der Subjektivität. Denn ersichtlich hat die Religion für denjenigen, der mit seinem Seelenheil in seinen letzten Entscheidungen vom Priester abhängt, eine ganz andere innere Bedeutung, als wenn er unmittelbar von Gott abhängt; wie auch der Priester und der Mönch sich religiös anders fühlen werden als der Laie. Das Verhältnis des zuständlichen religiösen Seins zu den von ihm durchströmten soziologischen Formungen führt für die jetzige Betrachtung, und da diese Formungen selbst schon kirchliche sind, nicht mehr aufwärts zu den transzendenten, sondern, rückwärts und nach innen, zu den *seelischen* Ausgestaltungen der sozusagen fertigen Religion. –

In dem Priestertum als arbeitsteiligem Gebilde hat die Religion eine eigentümliche Sublimierung, eine abstrakte Synthese der formenden Kräfte praktisch-sozialer Erscheinungen erreicht. In diesen letzteren nämlich wird die Arbeitsteilung von zwei Motiven getragen: auf der einen Seite von der Verschiedenheit persönlicher Anlagen, die den einen befähigen und dahin drängen, zu tun, was der andere überhaupt nicht kann; auf der anderen, wie oben ausgeführt, von den spezialisierten Bedürfnissen der Gesellschaft, von der Notwendigkeit des Austausches, von der nachdrängenden Konkurrenz. Jenes bestimmt die Arbeitsteilung mehr als terminus a quo, dieses als terminus ad quem; auf die Beschaffenheit der Person angesehen ruht jenes auf dem besonderen unersetzlichen Wesen von Individuen, dieses geht prinzipiell von einer Gleichheit derselben aus, die erst durch die Forderungen und Zielsetzungen, wie sie ihnen von ihren umgebenden Mächten kommen, zu Sonderleistungen bestimmt wird. In dem Subjekt der Arbeitsteilung vollzieht sich eine charakteristische Synthese des Berufenseins von innen her durch die individuelle Qualifikation und des Bestimmtwerdens durch äußere Einflüsse, die das Individuum, auch wenn seine Begabung eine ganz unentschiedene ist, zu der bestimmten Leistung designieren. Diese beiden aus verschiedenen Richtungen kommenden Motivierungen lassen in der Praxis ihre Harmonie vielfach vermissen. Wozu die innere Stimme treibt, das wird von den überpersönlichen Bestimmungen und Ansprüchen vielfach abgebogen und in der Entfaltung gehemmt. Was umgekehrt die objektiven Potenzen und Situationen von uns fordern, das liegt von unserer Beanlagung, von dem, was wir *eigentlich* können, oft weltweit ab. Diese also oft mißlingende Synthese hat das Priestertum durch die Priester*weihe* zu einer idealen, die Disharmonie von vornherein abschneidenden Gestaltung gebracht. Durch die Weihe wird ein in mystischer Objektivität bestehender Geist auf den Kandidaten übertragen, so daß er nun das Gefäß oder der Repräsentant desselben ist. Dabei ist prinzipiell gleichgültig, welche personale Qualifikation er dazu mitbringt. Die Weihe ist diejenige Aufnahme in einen übersubjektiven Zusammenhang, diejenige Bestimmung durch eine die Persönlichkeit umschließende Potenz, welche das Subjekt dennoch wie von *innen* her bestimmt. Die Leistung wird der Persönlichkeit hier nicht übertragen, weil gerade nur sie von Natur dafür prädestiniert ist (obgleich dies natürlich mitwirken kann und eine gewisse Unterschiedlichkeit der Zugelassenen begründet), auch nicht auf die *Chance* hin, ob sie nun die von vornherein berufene ist oder nicht, – sondern die Weihe *schafft*, weil sie den *Geist* überträgt, die besondere Qualifikation für die Leistung, zu der sie beruft. Das Verhältnis, das das Sprichwort aussagt: wem Gott ein Amt gibt, dem gibt er auch den Verstand dazu, ist in der Priesterweihe ideal vollendet. Die Zufälligkeit, die die Arbeitsteilung zwischen der spezifischen Anlage des Subjekts und den beanspruchenden, formenden Mächten außerhalb desselben bestehen läßt, löst die Priesterweihe, die Übertragung des Geistes, sozusagen a priori ab, indem die überpersönliche Tendenz, die mit ihr den einzelnen in Besitz nimmt und ihn für die Besonderheit ihrer Dienste beansprucht, sein Wesen – dem Prinzip nach – zu dieser Leistung umbildet und ihn zu dem schlechthin zulänglichen Träger derselben macht. Auch hier stellt die religiöse Kategorie das Idealbild dar, das die soziologischen Formen wie in einem reinen, ihre Gegensätzlichkeit und gegenseitige Verdunkelung aufhebenden Spiegel auffängt.

Der religiöse Sozialtypus nun, von dem ich vorher sprach: die völlige Einzigkeit des Einzelnen, der seinem Gott gegenübersteht und der deshalb keine Differenzierung zu kennen scheint, weil jeder das gleiche Ziel mit den gleichen Mitteln erreichen will, und keine höhere Einheit aus den Einzelnen Sonderorgane macht, – dieser Typus gibt gerade wegen dieser individualistischen Form des Heiles der Seele doch ein tiefgreifendes Problem auf. Ich verstehe unter dem Heil der Seele keineswegs nur einen Zustand jenseits des Grabes; sondern die Befriedigung ihrer letzten Sehnsüchte, den Gewinn ihrer innerlichsten Vollendung, die sie nur mit sich selbst und ihrem Gotte abzumachen hat; ob die Seele, die ihr Heil gefunden hat, sich in einem irdischen Körper oder in einem Jenseits befindet, ist eine ganz äußerliche Frage, so gleichgültig wie die nach der Wohnung, in der unsere Schicksale uns treffen. Nun scheint mir unter den vielen möglichen Bedeutungen dieses Ideals eine von besonderer Wichtigkeit: daß das Heil der Seele nur die Entfaltung oder äußere Verwirklichung dessen ist, was wir innerlich in einem gewissen Sinne schon sind. Das, was wir sein *sollen*, durchdringt als eine ideelle Wirklichkeit schon die reale und unvollkommene, der Seele braucht nichts von außen hinzugetan oder angebildet zu werden, sondern nur eine Schale braucht sie abzuwerfen, die Flocken loszulösen und so den eigentlichen Kern ihres Wesens zu enthüllen, den Sünde und Wirrnis vorher nur unkenntlich gemacht haben. Diesem Ideal vom Heil der Seele, wie es im Christentum, freilich fragmentarisch genug und mit ganz anderen Tendenzen gekreuzt, angedeutet ist, ist es eigentümlich, daß die Herausarbeitung unserer tiefsten Persönlichkeit, diese Befreiung der Seele von allem, was nicht sie selbst ist, dieses Sich-Ausleben nach dem Gesetz des Ich, – daß dieses zugleich den Gehorsam gegen den *göttlichen* Willen bedeutet. Das Heil, das der Seele ihr Gott zu gewinnen gebietet, wäre nicht *ihr* Heil, sondern ein farbloses, ihr innerlich fremdes, wenn es nicht in ihr wie mit noch unsichtbaren Linien vorgezeichnet wäre, wenn sie es nicht auf dem Wege zu sich selbst fände. Ganz vollkommen ist dies in einer von einem galizischen Wunderrabbi Meir erzählten Geschichte zum Ausdruck gekommen. Er habe seinen Schülern gesagt: »Wenn der Herr mich im Jenseits fragen wird: Meir, warum bist du nicht Moses geworden? – so werde ich sagen: Herr, weil ich nur Meir bin. Und wenn er mich weiter fragen wird: Meir, warum bist du nicht Ben Akiba geworden? – so werde ich gleichfalls sagen: Herr, weil ich eben Meir bin. Wenn er aber fragen wird: Meir, warum bist du nicht Meir geworden? – was werde ich da antworten?«

Diese Deutung des Heiles der Seele als der Erlösung, sozusagen der Entzauberung des Wertes, der zwar in der Seele von je vorhanden ist, aber mit Fremdem, Unreinem, Zufälligem gemischt, – diese Deutung scheint freilich gerade an einer Fundamentalbestimmung des Christentums eine Schwierigkeit zu finden: an der gleichmäßigen Fähigkeit *jeder* Natur zum Gewinn des absoluten Heils, an der Bedingtheit dieses durch Leistungen, die von vornherein niemandem unzugänglich sind. Für alle ist Platz in Gottes Hause, weil das Höchste, was der Mensch erreichen kann, zugleich das Mindeste ist, was von ihm gefordert werden muß und deshalb keinem prinzipiell versagt sein kann. Wenn aber das Heil nichts anderes sein soll, als daß jede Seele ihr eigenstes inneres Sein, das reine Bild ihrer selbst, dessen ideelle Form ihre irdische Unvollkommenheit durchzieht, nun ganz zum Ausdruck bringt, ganz in ihm aufgeht, – wie vereinigt sich denn die unendliche Verschiedenheit der Seelen nach Höhe und Tiefe, Weite und Enge, Helligkeit und Dunkelheit, mit der Gleichheit des religiösen Erfolges, mit der gleichen Würdigkeit vor Gott? Da doch dieser Begriff des Heiles gerade das Individuellste, Unterscheidendste der Menschen zu seinem Träger macht? Tatsächlich hat die Schwierigkeit, die Gleichheit vor Gott mit der unermeßlichen Mannigfaltigkeit der Individuen zu vereinen, zu jener Uniformität der Leistungen geführt, die aus weiten Provinzen des christlichen Lebens einen bloßen Schematismus gemacht hat. Den ganzen Individualismus des christlichen Heilbegriffes hat man verkannt, und daß jeder mit *seinem* Pfunde wuchern soll, indem man ein einheitliches Ideal, ein gleichartiges Verhalten von allen verlangte, statt von jedem – ihn selbst zu fordern. Alles für alle Gleichmäßige ist für die Persönlichkeit etwas Äußerliches; jene Einheit, in der die Gläubigen sich finden, jene Gleichheit der vollendeten Seelen, besteht nur darin, daß jede einzelne die *ihr* eigene Idee durch alles Außenwerk hat durchwachsen lassen; dabei mag der der verschiedenen um Welten verschieden sein. Jesus deutet an vielen Stellen an, wie sehr er die Verschiedenheit der menschlichen Anlagen zu schätzen weiß, zugleich aber, wie wenig dies die Gleichheit des Endresultates des Lebens zu alterieren braucht.

Damit wird die Gleichheit vor Gott etwas viel weniger Einfaches und Eindeutiges, als es in der allgemeinen Meinung erscheint. Daß alle Wertunterschiede, die wir zwischen den Seelen empfinden, vor Gott wegfallen und jeder ohne weiteres genau soviel gelten solle, wie jeder andere – diese kommunistische Deutung ist mit Recht zurückgewiesen worden. Es ist vielmehr eigentlich etwas Negatives gemeint: daß alle diejenigen Wertskalen, die außerhalb der religiösen liegen, aber die irdischen Rangierungen zu bestimmen pflegen, vor Gott nicht gelten. Es ist wirklich nichts anderes, als die »Gleichheit vor dem Gesetz«, die auch nicht bedeutet, daß der Übertreter einer Polizeivorschrift und der Raubmörder ihm gleich gelten, sondern nur, daß Bestimmtheiten der einen und der andern Persönlichkeit, die außerhalb der rechtlich relevanten liegen, auf das Urteil keinen Einfluß haben sollen. Wie gerade durch diese Gleichheit vor dem Gesetz erst jede rechtliche Ungleichheit ganz ungetrübt zu ihren juristischen Konsequenzen kommt, so würde ohne jene

Gleichheit der Menschen vor Gott ihre religiöse Wertverschiedenheit nicht klar und unabgelenkt hervortreten können.

Ich will aber nicht leugnen, daß mir der Begriff der Gleichheit vor Gott jenseits dieses logisch und ethisch ganz deutlichen Sinnes noch einen anderen, dunkleren und mit jenem eigentlich kollidierenden zu besitzen scheint. So unsinnig es klingt, daß eine »mechanische« Wertgleichheit den Unterschied zwischen einem kleinen Lumpen und einem Heros verlöschen solle – irgendeine nicht ganz oberflächliche Bedeutsamkeit liegt doch auch in diesem Gedanken, und er ist, wenn auch nicht immer in völliger Reinheit, so doch oft als Ansatz und Tendenz wirksam geworden. Es erscheint mir als ein durchaus nachfühlbares metaphysisches Motiv: daß die Seele, eben bloß weil sie Seele ist, einen Ewigkeitswert besitzt, gegen den alle Unterschiede, wie sie während ihres Lebens an ihr hervortreten, unwesentlich und sozusagen nicht der Rede wert sind. Für alle irdischen Standpunkte, den intellektuellen, den ethischen, den ästhetischen, kann dies nicht gelten; hier ist alle Wertrealität an ein Mehr oder Minder gebunden. Und ebenso wie die ausschließlich auf Unterschiede und ihre Relativität gegründete Schätzung begreiflich ist, für die die Tatsache der Seele überhaupt nur die selbstverständliche, für sich noch nicht wertbestimmende Basis ist – so ist die Umkehrung davon, die Wertgleichheit alles dessen, was Seele ist, und die Gleichgültigkeit gegen individuelle Qualifizierung nicht weniger begreiflich, mindestens auf dem religiösen, jene Kategorien der Relativität hinter sich lassenden Standpunkt.

Indes stehen wir keineswegs an einer prinzipiellen Scheidung zwischen irdisch-empirischer und religiöser Schätzung; sondern an einer zwischen charakterologischen menschlichen Bestimmtheiten, die ihre Differenz ebenso an der diesseitigen wie an der jenseitigen Interessensphäre offenbaren. Auch der moderne Sozialismus lehnt die mechanische »Gleichmacherei« ab; auch er erstrebt nur »Gerechtigkeit«, d. h. eine Gesellschaftsordnung, in der, im Gegensatz zu der jetzigen, jede Leistung wirklich genau nach ihren Verdiensten entlohnt wird, also gerade den vorausgesetzten *Unterschieden* zwischen den gesellschaftlich tätigen Menschen Unterschiede der gesellschaftlichen Reaktion entsprechen sollen. Trotz dieser Erklärungen glaube ich, daß der Sozialismus seine eigentliche Stoßkraft immer von den Naturen beziehen wird, für deren geistige Konstitution die Gleichheit schlechthin das apriorische Ideal ist. Man mag dies ungerecht, unklar, dem Gedanken ebenso wie der Tat nach völlig unrealisierbar finden; gleichviel, es gibt nun einmal Menschen jener Art, deren tiefste Tendenzen, auf die Gesellschaft bezogen, sich nur als die absolute Gleichwertung alles dessen, was Menschenantlitz trägt, ausdrücken lassen. Ja, in Rousseau und dem ganzen liberalen Idealismus des 18. Jahrhunderts ist diese Intention mächtig, die sich von der entgegengesetzten: daß der Wert jedes Menschen gerade nur als ein Mehr oder Weniger anderen Menschen gegenüber zu bestimmen sei – ohne Möglichkeit von Versöhnung oder Verständigung scheidet. Ich halte deshalb daran fest, daß, diesen Unterschieden der Menschentypen entsprechend, die Gleichheit vor Gott in beiderlei Bedeutungen empfunden wird; tatsächlich fehlt es doch auch im Christentum nicht an der Überzeugung, daß letzten Endes jede Seele gleichmäßig zur Seligkeit berufen sein wird. Und der Grundsatz: den Gleichen Gleiches, den Ungleichen Ungleiches – kann schließlich auch von dem Radikalismus der Gleichheit ruhig anerkannt werden, da er von dem Glauben aus, daß es für die Seelen als solche keine definitive Ungleichheit *gibt*, keine praktischen Konsequenzen nach sich zieht.

Dieser Gedanke scheint etwas genauer nur folgendermaßen auszudenken. Die Verschiedenheit der Seelen ist nun einmal nicht zu leugnen; denn wäre dies selbst nur ein *Schein* der Verschiedenheit, so wäre das doch eine *Verschiedenheit* des Scheines, die jedenfalls Berücksichtigung fordert. Es bleibt also auf diesem Standpunkt nur übrig, daß man die Verschiedenheit nicht als Verschiedenwertigkeit, sondern als Verschiedenartigkeit deutet. Und dies ist weiterhin nur so denkbar, daß die empirisch gegebenen *Wert*differenzen überhaupt unser positives und letztes Sein nicht berühren, daß also alles als böse, schlecht, niedrig Bezeichnete, bloße *Ablenkungen* von dem eigentlichen individuellen Wesen des Menschen seien, *Negationen*, nach deren Überwindung innerhalb des irdischen oder des transzendenten Lebens jede Seele erst in ihrer wirklichen Wesenheit dastände, noch immer als eine vielleicht einzige, mit keiner andern vergleichbare, und doch, an dem göttlichen Wertmaßstab gemessen, nun jeder andern gleich und Anwärter des gleichen Heils.

Ein solcher Heilsbegriff also weist auf eine unendliche Mannigfaltigkeit religiöser Charaktere hin, auf eine religiöse Differenzierung, die freilich keine Arbeitsteilung ist, weil ja jedes Individuum für sich allein das ganze Heil, wenn auch auf besondere Weise, gewinnen kann. Aber es bleibt ihr nach innen gewandter Sinn: die Besonderheit der Existenz, das Gefühl, zu einer unvertretbaren Leistung berufen zu sein und an einer Stelle zu stehen, die gleichsam auf uns gewartet hat. Hiermit zeigt sich nun endlich wieder, wie das religiöse Dasein die Formen des sozialen aufnimmt und sozusagen stilisiert. Es sind die Grundkategorien unserer Seele, die bald an dem praktisch-sozialen, bald an dem religiösen Inhalt Leben gewinnen; oder auch: die dem religiösen Sein die Möglichkeit geben, sich durch die Kanäle des Soziologischen hindurch auszuformen. Denn der religiöse Inhalt, weniger in die Zufälligkeiten und das Sich-Kreuzen heterogener Interessen verflochten, das Fragmentarische der praktischen Reihen durch die Idee des Absoluten ergänzend, scheint eine reinere, ungebrochenere Darstellung der an sich unfaßbaren Grundkategorie zu ergeben, so daß die religiöse Form eines Verhältnisses oder Ereignisses sich als das geklärte Bild seiner Sozialform bietet, gereinigt von ihrer Wirrnis und ihrem trüben, rudimentären Wesen. So hat man auch die Kunst als die unmittelbare Anschaulichkeit der ideellen Urbilder des Seins angesprochen, während sie in Wirklichkeit auch nur eine besondere Form ist, in der diese sich realisieren, nicht anders als die Form des empirischen Daseins auch; nur scheinen gewisse Darstellungsarten solcher Urbilder eine innere Reinheit und Vollkommenheit zu besitzen, durch die sie uns als getreue Nachbilder jenes vorkommen, was sie natürlich so wenig sind wie die andersartigen Verwirklichungen der Idee. Was die Religion befähigt, das Besonderssein der Menschen, das Nebeneinander ihrer Mannigfaltigkeiten in *einem* Reiche der Vollendung darzustellen, ist das Ausbleiben der Konkurrenz. Denn innerhalb des sozialen Daseins treibt diese zwar die Differenzierung der Individuen hervor und kann sie zu einer wundervollen Entwicklung und innigem Miteinander bringen; aber die Konkurrenz hat sozusagen kein Interesse daran, sie auf dieser Höhe zu halten, sondern, mit denselben Kräften immer weiter drängend, übersteigert sie das Besonderssein zu verkümmernder Einseitigkeit und unharmonischer Kraßheit. Das Endziel, auf das die religiöse Bestrebung, und dasjenige, auf das jede irdisch-soziale Betätigung losgeht, unterscheiden sich eben dadurch, daß das erstere sich keinem Bewerber deshalb zu versagen braucht, weil es sich dem andern gewährt; darum braucht es nicht, wie die Konkurrenz es muß, die Entwicklung der individuellen Besonderheiten über jenen Höhepunkt hinauszutreiben, der nur durch die Bedürfnisse und Ideale dieser selbst bezeichnet wird. Wo individuelle Differenzierung in diesem religiösen Sinne auftritt, ist sie deshalb weniger schroff und exaggeriert, als es oft die soziale ist, aber eben deshalb deren reineres und vollendeteres Gegenbild.

Ist, von der Idee eines »Reiches Gottes« aus gesehen, die Differenzierung der Seelen eine Form, in der sie zu der Einheit jenes Reiches zusammengehen, *die* Form, in der sozusagen die Elemente für ein höheres Auge zu jener Einheit zusammenwachsen, – so ist nun endlich Gott die Einheit des Daseins schlechthin. Zu dem Räumlich-Anschaulichen wie zu der Vielheit des Seelischen hat er dies mit keinem andern Ausdruck zu bezeichnende Verhältnis. Was aber ist der Inhalt dieses Begriffes? Es kann der pantheistische sein, durch den Gott mit der gesamten Wirklichkeit identisch ist. Das Staubkorn wie das Menschenherz, die Sonne wie die Blütenknospe, die unter ihrem Strahl aufspringt, – sie sind gleichmäßig, gleichberechtigt die Teile oder die Erscheinungen, die Ausströmungen oder die Gestaltungen des göttlichen Seins; daß dieses *in* ihnen lebt, würde schon eine gewisse Getrenntheit ausdrücken, würde die Selbständigkeit einer Außenseite, die nicht Gott wäre, voraussetzen. Vielmehr jedes Stück des Daseins *ist* Gott, und darum ist jedes Stück seinem Wesen, seiner Wahrheit nach mit jedem anderen identisch. Der Pantheismus hebt das Außereinander der Dinge auf, wie er ihr Fürsichsein aufhebt. Von einer Wechselwirkung derselben kann hier nicht mehr die Rede sein. Ihre metaphysische, wesenhafte Einheit ist die unmittelbare, nicht die des Organismus oder der Gesellschaft, deren Glieder Einheit als Austausch ihrer Energien besitzen. Dieser Gott des Pantheismus aber ist nicht der Gott der Religion, ihm fehlt jenes Gegenüber, dessen der Mensch bedarf, um seine religiöse Stimmung auszugestalten. Liebe und Entfremdung, Hingebung und Gottverlassenheit, jene Nähe oder Ferne der Beziehung, deren Möglichkeit das ganze innere Leben der Religion trägt, fällt fort, sobald jeder Punkt und jeder Moment des Daseins restlos und absolut in die göttliche Einheit befaßt ist. So muß diese also, soweit sie der Gegenstand einer Religion ist, einen anderen Sinn haben. Sie kann nicht unmittelbar dasselbe sein wie die materiale

Wirklichkeit der Welt. Außer diesem Einheitsbegriffe aber, der alle Differenzierungen des Daseins aufhebt, der sie alle miteinander identifiziert, indem er sie mit Gott identifiziert, gibt es nur noch *einen* anderen: die vorhin berührte Einheit als Wechselwirkung. Dies eben nennen wir *ein* Wesen, dessen Elemente durch wechselseitig ausgeübte Kräfte aneinander haften, und wo das Schicksal eines jeden mit dem jedes anderen zusammenhängt. Dies allein ist die Einheit, die die Welt als ganze für unser Denken besitzt – wo sie nicht pantheistisch gedeutet wird – und die sich in Symbol und Annäherung am Organismus und an der sozialen Gruppe zeigt. Gott, als die Einheit des Daseins gedacht, kann also nichts anderes sein als der Träger dieses Zusammenhanges, die Wechselbeziehungen der Dinge, aus diesen durch die religiöse Grundenergie herausgehoben, gleichsam auskristallisiert zu einem besonderen Wesen, zu dem Punkte, in dem alle Strahlen des Seins sich treffen, durch den aller Kräftetausch und alle Beziehungen der Dinge hindurchgehen. Nur in diesem Sinne der Einheit kann der Gott, der sie ist, der Gegenstand der Religion sein, weil er nur so dem Individuum *gegenüber*, außerhalb des einzelnen als einzelnen steht und über ihn hinweggreift. Diesen Gott der höchsten religiösen Stufe präformieren die Götter, die uns als die Repräsentation der Gruppenkräfte begegnen, selbst dann, wenn sie polytheistisch nur je einzelne Interessenprovinzen zusammenfassen. Außerhalb des Christentums sind die Götter, wenn nicht ausschließlich, so doch zu einem Teile oder nach einer Seite hin die transzendenten Darstellungen der Gruppeneinheit, und zwar eben der Einheit im Sinne der vereinheitlichenden, vergesellschaftenden *Funktion*. Freilich ist dies keine ganz einfach zu analysierende Kategorie; es ist dieselbe, unter der der König sagt: L'Etat c'est moi. Denn auch dieses kann doch nicht die gleichsam pantheistische Identität bedeuten, sondern nur, daß die den Staat bildenden, d. h. sein Material zu seiner Form gestaltenden Kräfte im König zentrieren oder daß er in der Einheit seiner Person das Gegenbild oder die Sublimierung der dynamischen Einheit des Staates sei. Der Vorstellungsprozeß, durch den Gott zur Einheit der Dinge wird, ist der gleiche, vermöge dessen man ihn als »die Liebe« schlechthin, als »die Güte, die Gerechtigkeit selbst« bezeichnet, und mit dem sich die vorhin versuchte Ableitung dieser Bezeichnung ergänzt. Er *hat* diese Qualitäten weniger als daß er sie *ist*. Die fromme Stimmung neigt dazu, ihre Gegenstände, in denen sie sich ausgestaltet, aus aller empirischen Relativität und Maßbegrenzung ins Absolute zu rücken, weil sie nur so der ganzen Breite und Allumfassung entsprechen, mit der die religiöse Erregung die fundamentalen Schichten der Seele ergreift. Jede Bestimmtheit aber, in absoluter Vollendung gedacht, zehrt gewissermaßen ihren Träger auf, sie läßt von dem Sein, an dem sie ursprünglich nur haftet, nichts mehr bestehen. Wie ein Mensch, den ein großer und als grenzenlos empfundener Schmerz erfüllt, seinen Zustand oft so ausdrückt, daß er ganz und gar nur noch Leiden wäre, wie man von einem völlig von Leidenschaft Beherrschten sagt, daß er überhaupt nur noch diese Leidenschaft ist, – so erscheint Gott, insofern eine Eigenschaft ihm im absoluten Maße beigelegt wird, als diese Eigenschaft gleichsam in Substanz. Die religiöse Grundkraft ist hier mit dem, was sie den empirischen Realitäten entrissen hat, um sich daran zum Gebilde emporzuleben, sozusagen allein, und kann es deshalb der Begrenztheit entheben, in der es jenen Relativitäten einwohnt. So geht die Vorstellung, daß die Welt eine Einheit ist, – an der uns zugänglichen Erscheinung immer nur sehr unvollkommen und fragmentarisch aufzeigbar, – in ihrer Absolutheit gedacht und als Unbedingtes nichts neben sich habend, auf ein sich selbst genügendes Sein hin, das wir Gott nennen: nur das Begrenzte und Bedingte fordert einen Träger, der noch außer dieser Funktion ein Etwas, ein Sein sei, das Unbedingte, von jeder Restriktion Freie wirft diese Fessel ab. Je nach dem Material, auf das die fromme, zur Einheit des Absoluten aufstrebende Stimmung sich wirft, kann der Gott die Einheit des Weltganzen sein oder die Einheit bestimmter Erscheinungsprovinzen der physischen Natur oder die Einheit der Gruppe, deren soziologische Wechselwirkungen der Anregung zur Bildung jenes transzendenten Einheitsbegriffes ebenso geben wie in dem erstgenannten Fall das Gefühl der mystischen Verbundenheit alles Daseins, im zweiten die Ähnlichkeit von unter sich verwandten Erscheinungen. Auf dem Standpunkt der religiösen Kultur des Christentums mag diese Genesis von Gottesvorstellungen, in der die Gottheit als die Verabsolutierung der soziologischen Einheit auftritt, eng und wunderlich erscheinen; hier ist die Gottheit einerseits die Gottheit alles Daseins, insbesondere alles seelischen Daseins überhaupt, und die Abscheidung, die das Wesen der sozialen Gruppe mit sich bringt, ist ihr gegenüber hinfällig und belanglos, ja dem Sinn dieser Gottheit direkt antagonistisch und zum Aufgeho-

benwerden in den allumfassenden Menschheitsbegriff bestimmt;
andrerseits ist der Christengott der Gott des Individuums, die Linie,
die von diesem zu ihm aufführt, verbreitert sich nicht erst zu der
Zwischeninstanz der Gruppe. Der Einzelne steht vor seinem Gott in
völliger Selbstverantwortlichkeit – die durch den Stellvertretungs-
tod Christi nur auf das Maß der Erträglichkeit herabgesetzt ist. Die
rein soziologische Vermittelung ist für den Gottesbegriff des Christen zu eng und zu weit. Das Altertum und die ethnische Welt aber
empfinden völlig anders. Der Gott jeder abgeschlossenen Gruppe
ist eben der ihre, der für *sie* sorgt oder sie straft, neben dem die
Götter anderer Gruppen als ebenso real anerkannt werden. Die
einzelne Gruppe beansprucht nicht nur nicht, daß ihr Gott auch der
für andere Gruppen werde, sondern sie würde dies auch als eine
Beeinträchtigung ihres religiösen Besitzes und der praktischen Konsequenzen desselben meistens energisch ablehnen (dennoch setzt
auch die umgekehrte Erscheinung ersichtlich nur die gleiche Wegerichtung fort: wenn z. B. die assyrischen Könige die für ihre Macht-
ausbreitung geführten Kriege zugleich für ihre Götter führen, deren
Anerkennung und Kultus über andere Völker verbreitet werden
soll). Die Eifersucht auf den politisch festgelegten Gott, den man so
wenig einem anderen Stamme gönnen mag wie einen mächtigen
Anführer oder wundertätigen Zauberer, ist die positive Wendung
oder Übertreibung jener Toleranz, die allen partikularistischen Religionen im Prinzip eigen ist. Sobald der Gott zu dem Kreis der Gläubigen ein alle anderen ausschließendes Verhältnis hat, muß die
Religiosität anerkennen, daß es Götter neben ihm gibt – die Götter
jener anderen. Seine Gläubigen selbst sollen zwar keine Götter neben ihm haben, aber nicht weil diese überhaupt nicht existieren,
sondern, etwas paradox ausgedrückt, gerade weil sie existieren –
andernfalls wäre die Gefahr nicht so groß –, aber freilich für *diese*
Gruppe nicht die rechten, echten sind. Jenes Verbot steht genau im
Range jedes anderen politischen: nicht zu einer andern Gruppe
überzugehen und den Zusammenhang mit der gegebenen sozialen
Einheit unter keinen Umständen aufzugeben. Selbst die Brahmanen
mit ihrer pantheistisch gefärbten Religion zeigen diese Toleranz, die
die Ergänzung ihres Partikularismus ist: sie haben christlichen Mis-
sionären auf gewisse Einwürfe gegen ihre Religion geantwortet, daß
diese allerdings wohl nicht für alle Völker passe; für sie aber wäre
sie die richtige. Gegenüber dieser Solidarität des Gottes mit der

sozialen Einheit, die immer eine partikulare ist, hat das Christentum eine ungeheure Umwälzung gebracht, darin ausgesprochen, daß es andere Götter als den seinigen nicht nur von sich, sondern von aller Welt überhaupt ablehnt. Sein Gott ist nicht nur der Gott seiner Gläubigen, sondern des Seins überhaupt. Es fehlt ihm also nicht nur jene Exklusivität und Eifersucht des Gottesbesitzes, sondern umgekehrt muß es konsequenterweise seinen Gott bei jeder Seele überhaupt zur Anerkennung zu bringen suchen, da er ja so wie so auch der Gott dieser Seele ist und ihr Christlichwerden nur die Bestätigung einer schon bestehenden Tatsache. Jenes: »Wer nicht für mich ist, der ist wider mich« ist eine der größten weltgeschichtlichen Wendungen in der Soziologie der Religion. Wer an Wodan oder an Vitzliputzli glaubt, ist darum keineswegs »wider« Zeus oder Baal: jeder Gott geht nur seine Gläubigen an, jede Gemeinschaft nur ihren Gott, und so greift keiner mit einem Anspruch des Verehrtwerdens in die Sphäre des anderen ein. Erst der Christengott spannt seine Sphäre über die, die ihn glauben, und die ihn nicht glauben. Von allen übertheoretischen Lebensmächten durchbricht er zuerst die Exklusivität der sozialen Gruppe, die bis dahin die gesamten Interessen ihrer Individuen in je einer raum-zeitlichen Einheit zusammenhielt. Deshalb geht es nicht an, daß die Beziehung zu ihm indifferent neben der Beziehung anderer Menschen zu anderen Göttern stehen sollte. Dies ist vielmehr eine positive Verletzung des ideellen Anspruches, den er durch seine absolute Allumfassung erhebt; an andere Götter zu glauben bedeutet: sich gegen ihn aufzulehnen, der ja doch in Wirklichkeit auch der Gott dieses Ungläubigen ist. Wo der andere Gott nicht einfach der Gott der Andern ist, sondern der falsche Gott, d. h. der gar nicht existierende, da ist Toleranz ebenso logisch widerspruchsvoll, wie für partikularistische Religionen Intoleranz wäre. Freilich entsteht damit eine neue Toleranz, gerade aus der absoluten Höhe und indiskutablen Einzigkeit des göttlichen Prinzips: für die verschiedenen *Wege* zu dem einen, alleinigen Gott. Die partikularistischen Religionen können tolerant sein in bezug auf den Endinhalt der Religion, auf den Gottesbegriff; aber bei der Enge und Nähe desselben, bei der Singularität der Beziehung zu ihm können sie eine Mehrheit der Wege zu ihm nicht anerkennen: er kann nur durch ganz bestimmte Opfer, Gebete, Verhaltungsweisen erreicht werden. Das Christentum dagegen, intolerant in Hinsicht des Definitivums der Religion, kann eine unvergleichliche Weite der gottgefälligen Betätigungen und inneren Zustände zugeben. *Ist erst einmal ein einseitiger Weg zum Höchsten erwählt*, so mag er alle dogmatische Intoleranz besitzen; aber das Christentum als Prinzip muß gerade der Einheit seines Gottes, weil sie das Absolute ist, eine Vielheit relativer Wege entsprechen lassen, und seine Geschichte als ganze hat dies ja auch verwirklicht. Im Einzelfall zeigen etwa die täuferischen Sekten und der spätere Kalvinismus diese Korrelation. Hier entsteht die religiöse Qualität ausschließlich durch oder als göttliche Wahl und Erweckung. Indem damit also jedes *äußere* Symptom abgelehnt wird, muß die Gemeinschaft die absolute Toleranz anderer Instanzen, z. B. des Staates, für ihre inneren Zustände verlangen und muß selbst eben diese gegenüber der Nachbargemeinde üben; und das ist also nicht nur äußerlich, sondern in enger Kausalität mit der absoluten inneren Intoleranz und Kompromißlosigkeit verbunden, die gerade solchen Religionen der Gnadenwahl logisch und psychologisch zukommt. Intoleranz dieser Art kann in bezug auf die Götter, in denen sich die Einheit der sozialen Gruppe verkörpert, überhaupt nicht aufkommen. Der Gott eines Negerstammes *kann* ebensowenig auch der der Chinesen sein, wie die Eltern eines Negers auch die eines Chinesen sein können oder wie das staatliche Wesen einer abgeschlossenen Gruppe *als solches* zugleich das einer anderen abgeschlossenen Gruppe sein kann.

Nun mag die auf jene partikularistisch-soziologische Weise zustande gekommene Einheit des göttlichen Wesens die Vorstufe seiner absoluten, im Christentum gewonnenen sein. Dann gehört diese Entwicklung eben zu jenen, die, an ihrem definitiven Stadium angekommen, mit diesem in die Verneinung und den Gegensatz zu dem Charakter aller zu ihm hinführenden Erscheinungen treten. Die übergreifende Einheit des Christengottes sprengt die soziologische Beschränkung, in der die Einheitsidee sich zuerst erheben konnte. Der Übergang der irdischen Relativitäten in die transzendente Absolutheit läßt die Qualität ihrer Inhalte oft in ihr Gegenteil umschlagen. So sind die religiösen Affekte im wesentlichen daran gebunden, daß der Gläubige sich seinem Gotte *gegenüber* fühlt: Liebe und Demut, Gnade und Verwerfung, Gebet und Gehorsam fordern, wie sich schon in anderem Zusammenhange ergab, ein Gegenüber, und so sehr dies etwa in der religiösen Ekstase ausgelöscht scheint, so ist doch auch sie in Wirklichkeit nur die Schwingung aus der Unerträglichkeit der völligen Sonderung in die Unmöglichkeit des völligen Einsseins. Dennoch drängt der Begriff Gottes als der absoluten Substanz und Kraft des Seins zu der pantheistischen Konsequenz, die jedes Fürsichsein der individuellen Existenzen völlig aufhebt, und je mehr die Seele sich zu der ungeschiedenen Einheit mit Gott durchringt, desto weiter, tiefer, beseligter fühlt sie sich. Ginge sie aber wirklich *ganz* in ihm auf, könnte sie sich in die schrankenlose Verschmelzung mit ihm auslöschen, – so würde die Seele im Leeren stehen. Denn weil alle religiöse Empfindung an jenem Gegenüber haftet, so mag zwar die Verringerung desselben ihr Glück und ihre Kraft steigern, aber mit seiner *absoluten* Aufhebung würde der ganze für uns ausdenkbare Sinn und Inhalt der Religiosität in nichts versinken. So mag die durch die soziologische Präformierung hindurchgewachsene Gottesvorstellung zu einem immer weiteren Umkreis seines Wesens aufwärts führen. Sobald dieser Prozeß aber mit dem absoluten Gott des Christentums seinen Endpunkt erreicht hat, schlägt sein Inhalt in das Gegenteil jenes soziologischen Charakters um, an dessen Exklusivität der Gott ursprünglich gebunden war.

Daß aber die Gruppeneinheit überhaupt dazu neigt, sich in die Form der Transzendenz zu kleiden und mit religiösen Gefühlswerten auszustatten, mag daran liegen, daß diese Synthese der Individuen zu dem höheren Gebilde der Gruppeneinheit dem Einzelnen mit deutlicherem oder dumpferem Bewußtsein oft genug als eine Art Wunder erscheinen wird. In diesem Zusammenhange fühlt sich das persönliche Dasein in ein Spiel unwiderstehlicher Mächte verflochten und von einem Kreis von Kräften umgeben, der aus seinen einzelnen Elementen überhaupt nicht erklärbar scheint und mit einem gar nicht absehbaren – zeitlichen und dynamischen – Umfang über jedes von diesen hinweggreift. Das Recht und die Sitte, die Sprache und die Traditionen, das Ganze, was man den objektivierten Geist genannt hat, liegt vor dem Individuum als ein ungeheurer Fundus, aus dem der Anteil des Einzelnen nicht herauserkannt werden kann; er scheint deshalb gar nicht aus Anteilen Einzelner hervorgegangen, sondern das Erzeugnis jener rätselhaften Einheit zu sein, die jenseits der Summe der Einzelnen ein produktives Leben nach eigenen überindividuellen Normen lebt. Wie der

Natur gegenüber ist es auch hier die praktische Preisgegebenheit und die theoretische Unerklärbarkeit, die die religiöse Reaktion hervorruft. Und zwar heftet sich dies ersichtlich nicht an die Gruppe als an die Summe nebeneinander existierender Menschen, die in ihrer Greifbarkeit und Unmittelbarkeit nichts Rätselhaftes hat und an und für sich den Geist am Empirischen festhalten würde, sondern an die Tatsache, daß diese Summe mehr als eine *Summe* ist, daß sie Kräfte entwickelt, die an den Einzelnen als solchen nicht auffindbar sind, daß aus diesen Einheiten eine höhere Einheit erwächst. Die Zugehörigkeit des Gottes zu der Gruppe, die Pflege der Religion als Angelegenheit der Gesamtheit, die Sühne religiöser Vergehen des Einzelnen durch diese und die gesamte Haftbarkeit der Gruppe für derartige Sünden dem Gotte gegenüber – alle diese typischen Tatsachen zeigen, daß die Gottheit gleichsam der transzendente Ort der Gruppenkräfte ist, daß die in Wirklichkeit *zwischen* den Gruppenelementen spielenden Wechselwirkungen, die deren Einheit im funktionellen Sinne ausmachen und damit der dunklen Einheit des religiösen Seins symbolisch formverwandt sind, – im Gotte zu einer selbständigen Wesenheit geworden sind; die Dynamik des Gruppenlebens ist über ihre einzelnen Stoffe und Träger hinweg durch den Schwung der religiösen Stimmung ins Transzendente getragen und tritt von da als das Absolute jenen Einzelheiten als dem Relativen gegenüber. Die alte Vorstellung, daß Gott das Absolute wäre, während alles Menschliche relativ ist, kommt hier zu einem neuen Sinn; es sind die Relationen zwischen den Menschen, die in der Vorstellung des Göttlichen ihren substantiellen und idealen Ausdruck finden. –

Im Rückblick auf die hiermit abgeschlossenen Untersuchungen treten zwei leitende Motive hervor, die sich nicht ohne weiteres vereinigen, aber unschwer systematisch zu verbinden wären, wenn man darauf Wert legte. In der Hauptsache erschien das objektiv geistige Gebilde der Religion als die Gestaltung des religiösen *Lebens*, das ein Prozeß, eine Daseinsart ist, und seine Inhalte, die »Glaubensartikel« an den Gegebenheiten weltlicher Existenz gewinnt. Es ist die Art jenes Lebens, sich in der Form des *Absoluten* zu objektivieren, und so entreißt es gleichsam den sozialen Tatsachen (ebenso wie anderen Lebensgegebenheiten) ihre Formen und läßt sie in die Absolutheit transzendieren – damit auch die immerzu erwiesene Möglichkeit gewinnend, auf die irdisch relativen Tatsachen weihend, erhöhend, sie gleichsam ins Herz treffend zurückzuwirken. Die alte Beobachtung, daß der Götterhimmel die Verabsolutierung von Empirischem ist, verliert hier ihren sensualistisch-aufklärerischen Sinn: niemals würde – wie diese letztere Gedankenrichtung sehr naiv glaubt – die Empirie transzendent geworden sein, wenn nicht die religiöse Lebensbewegtheit als apriorische Kategorie und Kraft zugrunde läge und das Gegebene nach *ihrem* Gesetz, aber nicht nach einem in *jenem* zu findenden, über sich hinaus triebe. Nur freilich, daß dieser Weg der Religiosität, auf dem sie ein außer ihr Gelegenes durchzieht, um sich an ihm zum Gebilde zu formen, die Substanz dieses Fremden hinter sich lassend und an seiner reinen Form ihre eigene Reinheit verkörpernd – daß dieser Weg vielleicht nie ganz zu Ende gegangen wird. Vielmehr schleppt die ausgestaltete objektive »Religion« noch allenthalben gleichsam materielle Stücke jenes ihr Äußeren mit. Die Religiosität als qualitatives seelisches Sein, der *religiöse Lebensprozeß* hat das eigentümliche, fast an das dialektische Schema Hegels erinnernde Schicksal, aus sich herausgehen zu müssen, um von einem Außer-Sich das Gebilde zu gewinnen, das doch nur er selbst in der Form der Gegenständlichkeit ist. Aber es ist wie gesagt sein Verhängnis, dies andersartige Dasein, mit dem er sich einmal eingelassen hat, nicht wieder ganz los zu werden, erst in einem unendlichen Prozesse wirklich Religion im reinsten Sinne zu werden, den *Formen* des Irdischen, Rationalistischen, Sozial-Empirischen, an dem er sich zu objektiver Religion emporgelebt, immer noch irgendwelche Stücke ihrer *Materie* beigemischt zu lassen. Nur wenn man den »Fortschritt« der Religion in diesem Sinne nimmt: nicht daß sie eine immer vollkommenere Religion, sondern daß sie immer vollkommener Religion, d. h. immer reiner nur Religion wird, scheint mir der Entwicklungsbegriff auf sie anwendbar. Ich will nicht an das methodische Problem rühren, ob »die Religion« denn überhaupt als ein reales Subjekt gelten darf, das vom Fetischismus und Ahnenkult bis etwa zum Christentum hin » *sich* entwickelt«. Vielleicht, daß die Schätzung des eigenen Glaubens als des absolut höchsten dahin drängt, ihn auch als den relativ höchsten über einer zu ihm aufsteigenden Reihe zu deuten. Hierin aber liegt die bedenkliche Voraussetzung der »unvollkommenen« Religion. Ich will gestehen: ich glaube nicht an unvollkommene Religionen, so wenig wie ich an unvollkommene Kunststile glaube. Das heißt: es gibt wohl seelische Bewegtheiten oder objektivierte Gebilde, die religiös intentioniert, aber noch nicht vollkommen Religion sind, anders ausgedrückt: Religionen, die in der angedeuteten Weise Mischgebilde sind, in denen die Religiosität noch nicht in der Form der Gegenständlichkeit rein zu sich selbst gekommen ist. Sind sie aber überhaupt vollkommen Religion, so sind sie auch vollkommene Religion, gerade wie die Malerei des Trecento, auch wenn sie keine Schatten, keine natürliche Bewegtheit, keine Perspektive zeigt, dennoch so vollkommene Kunst ist wie die spätere, die dies alles besitzt. Giotto *wollte* eben etwas anderes als Raffael oder Velasquez. Und wenn etwas überhaupt als Kunst in dem Sinne vollkommen ist, daß keine anderen Motive als künstlerische das Werk formen, wenn rohsinnliche Impulse, Gefesseltheit an das zufällig Wirkliche, Tendenzen aus anderen Interessengebieten nicht mehr in der Bilderscheinung hervortreten – so ist jedes Kunstwollen jedem anderen gleichwertig. Von Vollkommenheit oder Unvollkommenheit kann dann nur insoweit die Rede sein, als das individuelle Genie größer oder geringer ist. Aber der Stil überhaupt, die Relation von Absicht und Ausdrucksmitteln, die komplexe Einheit dessen, was überhaupt zur Darstellung kommen soll – darauf ist der Begriff einer Entwicklung vom Unvollkommenen zum Vollkommenen nicht mehr anwendbar; es gilt hier vielmehr für den einzelnen Stil, die einzelne Epoche, was Schopenhauer vom allgemeinen Wesen der Kunst sagt: die Kunst »ist immer am Ziele«. Wenn die Zeichnungen der Neger »unvollkommener« sind als Zeichnungen Rodins, so ist dies einerseits, weil sie überhaupt nicht nur Kunst sind, sondern von bloßer Nachahmungsfreude, kindlichem Spieltrieb, fetischistischen Tendenzen mitbestimmt sind; andererseits weil die persönliche, in der Stilform sich auslebende künstlerische Begabung nicht an die des großen Künstlers heranreicht. Nur in diesem Sinne kann man auch von einer Skala unvollkommenerer und vollkommenerer Religion sprechen: sie kann nur immer reiner Religion werden, ein von anderen Impulsen oder Welten immer befreiteres Leben und Sich-Gestalten der religiösen Kategorie als solcher. Ist sie so aber wirklich Religion, so ist auch sie »immer am Ziele« – ob Ahnenkult oder Vielgötterei, pantheistische Mystik oder scharfumrissener Theismus; und die Vollkommenheitsunterschiede liegen jetzt sozusagen nur in den Quantitäten von Tiefe und Breite, von Kraft und

Glut, mit denen die verschiedenen Individuen diese religiösen Stile und religiösen Lebensmöglichkeiten verwirklichen. Kurz, die geschichtliche Entwicklung vom Unvollkommeneren zum Vollkommeneren ist keineswegs das erschöpfende Erkenntnisschema für die Bedeutung der Religionen – obgleich zu solcher Inthronisierung ihrer sich gerade moderner Evolutionismus und christliche Apologetik zusammentun. –

Diesem Motiv der – natürlich nicht als zeitliches Nacheinander gemeinten – Reihe: Religiosität – soziales Gebilde – objektive Religion – war ein zweites nur gelegentlich beigeordnet, weil sein mehr spekulativer, der geschichtlichen Exemplifizierung unzugänglicherer Charakter ihm hier solche Zurückhaltung auferlegte. Geht das erste Motiv auf die qualitativ religiöse Bestimmtheit des seelischen Prozesses zurück, so kann man nun vielleicht in noch reinerem Sinne *formale* Vorgänge und Verhältnisse psychischer Art annehmen, die sich einerseits in religiösen, andererseits in sozialen Erscheinungen offenbaren und die Konfigurationen dieser Inhalte bestimmen, auf diese Weise die Analogien und Verwebungen beider Gebiete ermöglichend, von denen diese Blätter Beispiele gaben. Natürlich ist auch hiermit nicht eine Zeitfolge von Wirksamkeiten gemeint, sondern eine Nachkonstruktion des seelischen Einheitsgebildes mit Elementen, deren Verwebung den *Sinn* jenes Gebildes nach dem, was man die Logik der Psychologie nennen könnte, deutet. Denn verhehlen wir uns nicht, daß eine exakte genetische Einsicht in das religiöse Phänomen als solches noch niemandem gelungen ist. Alle Angaben über den »Ursprung« der Religion: aus der Furcht und der Liebe, der Not und dem sich überhebenden Ich-Bewußtsein, der Pietät und dem Abhängigkeitsgefühl und was sonst noch – lassen das Entscheidende gerade vermissen: weshalb denn diese empirischen Affekte plötzlich in das religiöse Stadium treten? Die naheliegende und in der Sache wohl auch zutreffende Auskunft: daß eine gewisse Quantitätssteigerung jener sie in eine andere Qualität umschlagen lasse, daß es eine *Schwelle* des religiösen Bewußtseins gebe, – übergeht noch immer die Frage, warum diese neue Qualität eben gerade die *religiöse* sei. Sieht man genau zu, so wird die Religiosität in allen vorgeblichen Herleitungen ihrer schon heimlich vorausgesetzt. Man wird sie also besser von vornherein als eine primäre, nicht weiter herleitbare Qualität anerkennen.

Und unter dieser Voraussetzung gewinnen die Beziehungen zu jenen vorgeblichen Ursprüngen ihrer vielleicht einen einleuchtenderen Sinn. Mir erscheinen nämlich all diese Faktoren als – freilich sehr verwischend und prinziplos ausgedrückte – formale Spannungszustände, ganz allgemeine Bewegungsweisen der Psyche, die dem Ablauf der qualitativ bestimmteren Vorgänge in dieser gewisse Richtungen, Rhythmen, Synthesen verleihen. Freilich sind – ich kann dies hier nur andeuten – all jene Faktoren: Liebe und Furcht, Abhängigkeit und Hingebung usw. noch gleichsam zu materiell, vielleicht muß man, um jener Logik der Psychologie gemäß die psychische Struktur auf eine begrifflich ideale Ebene zu projizieren, zu noch allgemeineren, noch reiner funktionellen Grundbewegtheiten, inneren Grundrelationen greifen. Diese würden dann die Art bestimmen, wie spezifischere Gefühle, Schicksale, Interessen ablaufen: die religiösen wie die sozialen, die künstlerischen wie die ethischen. In solchen, der psychologischen Formulierung noch harrenden Zusammenballungen und Entspannungen des seelischen Daseins überhaupt, dem rhythmischen Wechsel seiner Temperatur, der allgemeinen Dynamik von Sehnsucht, Enttäuschung, Widerstand, Gleichgewicht – hätten wir dann freilich noch nicht die *Ursachen* jener großen Kategorien, von deren jeweils eine Welt bildender Kraft ich hier zu allererst ausging: der Praxis und der Kunst, der Erkenntnis und der Religion, der sittlichen Wertung und der gesellschaftlichen Synthesen; aber wir würden nun die realen und ideellen Beziehungen der so erwachsenen Welten begreifen, die gleichgesetzlichen Abläufe, die Präformationen, die eine dem Einfluß der anderen bietet, und von denen die Hinweisungen dieses Versuches wenige Fälle eines speziellen Gebietes vorlegten. –

Die immer wiederholte Betonung, daß es sich hier ausschließlich um den strukturellen Sinn des seelischen Ereignisses Religion handelt, sollte davor schützen, in dem Gesagten irgendeine Behauptung über den sachlichen, überpsychologischen Bestand der religiösen Gegenstände zu suchen. Ob der Inhalt, von dessen psychischer Formung hier allein gesprochen wurde, auch noch in der Form der Realität besteht, ist eine methodisch aufs strengste von all diesem zu sondernde Frage. Und vielleicht wird diese Scheidung am nachdrücklichsten, wenn man sie auch auf die historische Erkenntnis der Religion anwendet; mit der Abweisung der an diese so häufig geknüpften Mißdeutung schließend, glaube ich der entsprechenden Gefahr, die diesen Untersuchungen drohen könnte, am gründlichsten zu begegnen.

Wenn es gelingt, das Zustandekommen der Religion als eines Ereignisses im Leben der Menschen aus den inneren Bedingungen eben dieses Lebens zu begreifen, so ist insoweit das Problem noch gar nicht berührt, ob die außerhalb des menschlichen Denkens gelegene Wirklichkeit das Gegenstück und die Bestätigung dieser psychischen Wirklichkeit enthalte oder nicht. Aber nicht nur die Bedeutung der Religion im Reiche des Objektiven, sondern auch die im Reiche des Subjektiven, ihre Gefühlsbedeutung, das heißt, die in das innerste Gemüt zurückstrahlende Wirkung der Vorstellungen vom Göttlichen ist völlig unabhängig von allen Annahmen über die Art, wie diese Vorstellungen zustande gekommen seien. Das ist der Punkt des stärksten Mißverständnisses nicht nur aller historisch-psychologischen Herleitung, sondern auch aller Nachzeichnung sozusagen des seelischen Sachgehaltes idealer Werte. Noch immer empfinden weite Kreise so, als wäre der Reiz eines Ideals entblättert, die Würde eines Gefühles deklassiert, wenn seine Entstehung nicht mehr ein unbegreifliches Wunder, eine Schöpfung aus dem Nichts ist, – als ob das Begreifen des Werdens den Wert des Gewordenen, die nachträgliche Analyse der Elemente den Wert ihrer lebendigen Einheit in Frage stellte, als ob die Niedrigkeit des Ausgangspunktes die erreichte Höhe des Zieles herabzöge, und als ob die reizlose Einfachheit der einzelnen Bestandteile die Bedeutsamkeit des Produktes zerstörte, die in dem Zusammenwirken, der Formung und Verwebung dieser Elemente besteht. Das ist die törichte und verworrene Gesinnung, die die Menschenwürde entheiligt glaubte, weil der Mensch von einer niederen Tierart abstamme; als ob diese Würde nicht auf dem beruhte, was er in Wirklichkeit *ist*, ganz gleichgültig dagegen, von welchem Anfange aus er es geworden ist! Gerade ihr aber, die die Würde der Religion durch Zurückweisen ihrer historisch-psychologischen Ableitung aufrecht zu erhalten glaubt, wird man Schwäche des religiösen Bewußtseins vorwerfen können. Denn die innere Festigkeit und Gefühlstiefe desselben kann nur eine geringe sein, wenn es sich durch die Erkenntnis seines Werdeganges gefährdet, ja überhaupt nur berührt glauben kann. Denn wie die echte und tiefste Liebe zu einem Menschen durch die nachträgliche Klarheit über ihre Entstehungsgründe nicht angefochten wird, ja ihre triumphierende Kraft darin zeigt, daß sie den Fortfall all jener einstmaligen Entstehungsgründe ungebrochen überlebt, – so wird alle Stärke des subjektiven religiösen Gefühls erst durch die Sicherheit erwiesen, mit der es in sich ruht und seine Tiefe und Innigkeit ganz jenseits aller Ursprünge stellt, auf die die Erkenntnis es zurückleiten mag.

Über tredition

Eigenes Buch veröffentlichen

tredition wurde 2006 in Hamburg gegründet und hat seither mehrere tausend Buchtitel veröffentlicht. Autoren veröffentlichen in wenigen leichten Schritten gedruckte Bücher, e-Books und audio-Books. tredition hat das Ziel, die beste und fairste Veröffentlichungsmöglichkeit für Autoren zu bieten.

tredition wurde mit der Erkenntnis gegründet, dass nur etwa jedes 200. bei Verlagen eingereichte Manuskript veröffentlicht wird. Dabei hat jedes Buch seinen Markt, also seine Leser. tredition sorgt dafür, dass für jedes Buch die Leserschaft auch erreicht wird.

Im einzigartigen Literatur-Netzwerk von tredition bieten zahlreiche Literatur-Partner (das sind Lektoren, Übersetzer, Hörbuchsprecher und Illustratoren) ihre Dienstleistung an, um Manuskripte zu verbessern oder die Vielfalt zu erhöhen. Autoren vereinbaren direkt mit den Literatur-Partnern die Konditionen ihrer Zusammenarbeit und partizipieren gemeinsam am Erfolg des Buches.

Das gesamte Verlagsprogramm von tredition ist bei allen stationären Buchhandlungen und Online-Buchhändlern wie z. B. Amazon erhältlich. e-Books stehen bei den führenden Online-Portalen (z. B. iBookstore von Apple oder Kindle von Amazon) zum Verkauf.

Einfach leicht ein Buch veröffentlichen: **www.tredition.de**

Eigene Buchreihe oder eigenen Verlag gründen

Seit 2009 bietet tredition sein Verlagskonzept auch als sogenanntes "White-Label" an. Das bedeutet, dass andere Unternehmen, Institutionen und Personen risikofrei und unkompliziert selbst zum Herausgeber von Büchern und Buchreihen unter eigener Marke werden können. tredition übernimmt dabei das komplette Herstellungs- und Distributionsrisiko.

Zahlreiche Zeitschriften-, Zeitungs- und Buchverlage, Universitäten, Forschungseinrichtungen u.v.m. nutzen diese Dienstleistung von tredition, um unter eigener Marke ohne Risiko Bücher zu verlegen.

Alle Informationen im Internet: **www.tredition.de/fuer-verlage**

tredition wurde mit mehreren Innovationspreisen ausgezeichnet, u. a. mit dem Webfuture Award und dem Innovationspreis der Buch Digitale.

tredition ist Mitglied im Börsenverein des Deutschen Buchhandels.

Dieses Werk elektronisch lesen

Dieses Werk ist Teil der Gutenberg-DE Edition DVD. Diese enthält das komplette Archiv des Projekt Gutenberg-DE. Die DVD ist im Internet erhältlich auf **http://gutenbergshop.abc.de**